Zu diesem Buch

Magische Ekstase – das ist die absolut beglük-
kende sexuelle Erfahrung. John Selby deutet sie
als ein Verschmelzen von Du und Ich, als eine
Begegnung der Seelen, eben als Seelenpartner-
schaft. Wichtig ist dabei vor allem die Hingabe:
Ziel ist, daß die Partner einander in einer Weise
vertrauen, in der sich jeder seiner Lust und auch
dem anderen ganz hingeben kann. Viele Beispiele
und Fallgeschichten aus Selbys therapeutischer
Praxis sowie leicht nachzuvollziehende Atem-
und Körperübungen, die man allein oder auch
gemeinsam mit dem Partner machen kann, zeigen den Weg zur sexuellen Erfüllung.

Der Autor

John Selby, geb. 1945, Psychologe und Sexual-
therapeut, lebt nach Arbeits- und Forschungs-
aufenthalten in Europa heute wieder mit seiner
Familie in den USA.

John Selby

Magische Ekstase

Das Tor zu Erfüllung und Seelenpartnerschaft

Deutsch von Ursula Gaïl

Rowohlt

Veröffentlicht im Rowohlt Taschenbuch Verlag GmbH,
Reinbek bei Hamburg, September 1997
Lizenzausgabe mit Genehmigung
des Scherz Verlag, Bern und München
Die Originalausgabe erschien
unter dem Titel «Peak Sexual Experience»
bei Warner Books, New York
Copyright © 1992 by John Selby
Einzig berechtigte Übersetzung
aus dem Amerikanischen von Ursula Gaïl
Alle deutschsprachigen Rechte
beim Scherz Verlag, Bern und München
Umschlaggestaltung Barbara Hanke
(Foto: Mauritius-Speedy)
Druck und Bindung: Clausen & Bosse, Leck
Printed in Germany
1490-ISBN 3 499 60280 6

Inhalt

Vorwort

Wir alle wissen aus eigener Erfahrung, daß die Liebe nicht nur eine sexuelle, sondern auch eine zutiefst erfüllende geistige Dimension besitzt. Aber leider gelingt es uns viel zu selten beim Liebesakt, dieses Gefühl vollkommenen Einsseins zu erfahren. Woran liegt das? Und wie läßt sich das ändern? Das sind die zentralen Fragen, die in diesem Buch gestellt – und beantwortet werden.

Geistige Traditionen wie die sexuelle Alchimie des alten China und die Kundalini-Meditation in Indien und Tibet haben Wege aufgezeigt, wie Liebende lernen können, dieses überwältigende Gefühl einer universellen *communio* wirklich zu erleben, das sich ja im Prinzip in jeder individuellen physischen Vereinigung manifestiert. Dieses allumfassende, geradezu mystische Erlebnis ist in vieler Hinsicht eine der Gipfelerfahrungen im Leben eines jeden Menschen.

Doch in unserer Kultur wurde sexuelle Leidenschaft nur zu oft als diametral entgegengesetzt zum geistigen Erwachen betrachtet. Alan Watts, einer meiner ersten Lehrer, schreibt dazu in seinem Buch *Im Einklang mit der Natur*: «Es ist doch sehr seltsam. Da lehrt man die Kinder, daß Gott sich irgendwo im Himmel, weit weg von irdischen Gefühlen und Leidenschaften befindet, statt zu sagen, daß er direkt unter uns ist, mitten in unserem Alltagsleben. Wie könnten wir die Natur der göttlichen Liebe entdecken, wenn nicht durch die körperliche Liebe?»

Der Zweck dieses Buches ist jedoch nicht, über abstrakte theologische Ansichten und einander widersprechende religiöse Dogmen zu streiten, die sich mit der Beziehung zwischen Sexualität und göttlicher Liebe befassen. Wir wollen uns vielmehr mit den erfahrbaren Dimensionen der *unio mystica* während des Geschlechtsverkehrs beschäftigen.

Jeder kann, unabhängig von seinen religiösen Neigungen und Bindungen, lernen, die ungeheure schöpferische Kraft direkt anzuzapfen, die tief in uns allen schlummert und nur darauf wartet, durch den Liebesakt geweckt zu werden, um unsere sexuelle Beziehung auch zu einem geistigen Erlebnis zu machen.

Vom psychologischen wie vom spirituellen Standpunkt aus gibt es sieben Hauptaspekte des sexuellen Kontakts, die für eine Liebesbeziehung von Bedeutung sind und die es bewußt zu fördern gilt, wenn wir das Aktivieren geistiger Energie durch den Geschlechtsakt erreichen wollen. Jeder dieser sieben Dimensionen kann uns neue Bereiche der Ekstase und der sexuellen Erfüllung eröffnen.

Wir sollten uns jedoch von Anfang an klar darüber sein, daß dieses Buch keine Patentrezepte für geistiges Erwachen bereithält. Im Gegenteil – alle sieben Programme zielen darauf ab, in Ihrer Liebesbeziehung ein spontanes, nicht absichtlich «machbares» Gefühl der sexuellen Empfänglichkeit wach werden zu lassen. Tatsache ist nämlich, daß wir uns im Sturm unserer sexuellen Leidenschaft der wahren geistigen Liebe nur dann öffnen können, wenn wir alle mechanischen Übungen und alle Bemühungen, eine sexuelle Ekstase zu erreichen, vergessen. Wir erleben den Höhepunkt der sexuellen Kommunion nur, wenn alle Gedanken, alle Übungen, alle Manipulationen aufhören und wir mit der allumfassenden Schöpfungskraft verschmelzen, die über unser individuelles Sein hinausgeht.

In meiner Tätigkeit als Eheberater habe ich immer wieder

erlebt, daß die Herzen verschlossen bleiben, Beziehungen sich verschlechtern und die Gefahr der Vereinsamung droht, wenn Mann und Frau während des Liebesaktes ihre Ego-Gedanken und getrennte Identitäten nicht loslassen können, um wirklich «eins» zu werden.

Von daher betrachtet, hat sich die sogenannte «sexuelle Revolution» in unserer Kultur für viele intime Beziehungen als verheerend erwiesen, weil man sich auf die Manipulation konzentriert statt auf die Hingabe, auf die individuelle Macht statt auf das gemeinsame Liebeserlebnis. Unsere große Aufgabe besteht daher darin zu lernen, den Geist der wahren Vertrautheit und der spirituellen Hingabe in unseren sexuellen Beziehungen zu wecken, so daß wir jenes äußerste Gefühl der totalen und bedingungslosen Vereinigung unserer Seele mit der unseres Partners erfahren sowie die Präsenz jenes universellen Geistes spüren, der die Grenzen unseres Ego überschreitet.

Im Rahmen meiner therapeutischen Arbeit habe ich immer wieder beobachtet, daß für Paare, die längere Zeit zusammen sind und auch zusammen wachsen, die zugrundeliegende spirituelle Dimension der Sexualität mehr und mehr lebendig wird. Wenn geistige Liebe mit sexueller Liebe verschmilzt, werden die Herzen vereint und Beziehungen dauerhaft und erfüllt.

In einem alten tibetischen Text heißt es: «Unendlicher Segen fließt in das Leben all jener ein, die die Grenzen der Individualität überschreiten und furchtlos in die Geheimnisse der vollkommenen orgastischen Vereinigung eintauchen.»

Einführung
Die sieben Dimensionen der sexuellen Erfüllung

Susan machte gerade ihr Examen in Volkswirtschaft, als sie sich in Thomas verliebte. Ein Jahr später heirateten die beiden und beschlossen, jeder seine berufliche Karriere weiter zu verfolgen. Sie kauften ein Haus und führten ein, wie man hätte annehmen sollen, erfülltes gemeinsames Leben. Doch obwohl sie sich in Sachen Liebe für ziemlich erfahren hielten und all die «richtigen Dinge» miteinander taten, entstand mit der Zeit ein Gefühl des Isoliertseins, und es gelang ihnen nicht, jene bestimmte, von Herzen kommende Art des Kontaktes herzustellen. Statt dessen fühlten sie sich in ihren getrennten Welten wie in einer Falle. Sie sehnten sich nach sexueller und geistiger Nähe, aber sie erfuhren sie nie richtig.

Wie Tom und Susan werden viele Paare von der Routine ihres Alltagslebens aufgesogen. Nach außen hin scheinen sie erfolgreich zu sein, doch irgendwann erkennen sie, daß sie tief in ihrem Innern einsam sind, daß es ihnen nicht gelingt, die unsichtbaren Schranken niederzureißen, die sie daran hindern, eine wahre geistige Vereinigung mit dem anderen zu erlangen.

Susan versuchte, mit Thomas zu reden – über die innere Leere, die sie empfand, das Gefühl, ihn nicht mehr zu erreichen, auch und gerade dann nicht, wenn sie miteinander schliefen. Doch statt sich ihren schmerzlichen Gefühlen zu öffnen, zog er sich sofort zurück und wechselte das Thema, noch ehe das Gespräch richtig begonnen hatte.

Kurz darauf entdeckte Susan eine Ankündigung eines meiner Seminare über Vertrautheit. Um ein paar sachliche Informationen darüber zu erhalten, was sie zur Verbesserung ihrer Lage tun könnte, beschloß sie aus einem Impuls heraus, am ersten Treffen teilzunehmen, obwohl es ihr peinlich war zuzugeben, daß mit ihrer Beziehung etwas nicht stimmte.

Wie so viele Paare versuchten auch Susan und Tom, ihre Lebenskerze an beiden Enden gleichzeitig anzuzünden. Sie widmeten sich mit ganzer Kraft ihrer beruflichen Karriere, pflegten ihre individuellen Bedürfnisse und Interessen und bemühten sich, auch den Partner nicht zu kurz kommen zu lassen. Aber von Anfang an führten sie ihre Ehe wie eine geschäftliche Partnerschaft; es gab keine verletzliche, tief-empfundene Bindung. Sie hielten es beide für klug, sich ein Gefühl völliger innerer Unabhängigkeit zu bewahren, so daß sich jeder zurückziehen konnte, falls in der Beziehung etwas schiefging.

Fatalerweise waren es genau die Eigenschaften, die sie beruflich so erfolgreich sein ließen, die ihre Fähigkeit, sich als Liebende wirklich nahezukommen, schwächten. Im Geschäftsalltag waren Härte, Mißtrauen, Zähigkeit gefragt. Verletzlichkeit zu zeigen war tabu. In ihrer persönlichen Beziehung jedoch verhinderte eben diese Unfähigkeit zu vertrauen, die Kontrolle aufzugeben und den Verlust der privaten Abgrenzung zu riskieren, daß sich einer dem anderen innerlich öffnete.

So hatten sie zwar volle Brieftaschen, aber gleichzeitig empfanden sie ein lähmendes Gefühl der Leere in ihren Herzen. Und wie so viele Paare glaubten sie, daß es aus dieser Falle kein Entrinnen gäbe. Einerseits waren sie mit ihrem Liebesleben keineswegs zufrieden, andererseits hatten sie

Angst, sich zu trennen und auch noch diese falsche Intimität zu verlieren, an die sie sich klammerten.

Doch das Leben ist ohne Bedeutung, wenn wir nicht fähig sind, unsere innersten Gefühle mit jemandem zu teilen, den wir lieben. Nichts ist vom Gefühl her betrachtet schmerzlicher, als sich nicht öffnen und mit seinem (Sexual-)Partner nicht wirklich intim werden zu können. Und nichts ist schöner als das Erwachen unserer Fähigkeit, die Grenze des Ego zu überschreiten und mit unserem vertrautesten Freund im Geist eins zu werden.

Wie aber können wir lernen, uns tiefere Schichten der geistigen Vereinigung mit unserem Sexualpartner zugänglich zu machen? Welche Schritte führen tatsächlich zum Erwachen einer mystischen Intimität in einer Beziehung?

Bei genauer Betrachtung sind es sieben Stufen, die zur geistigen Vereinigung von Liebenden führen. Ich möchte Sie hier kurz mit ihnen bekannt machen. In den folgenden Kapiteln werden wir uns dann mit jeder dieser Stufen eingehender beschäftigen.

1. Alte Wunden heilen lassen

Seit Beginn Ihres Lebens sind Sie in eine Vielzahl von engen Beziehungen verstrickt. Am Anfang eines Programms wie diesem ist es daher wichtig, auf die ganze Geschichte Ihrer Herzenskontakte zurückzublicken, damit Sie lernen, alles noch nicht bewältigte Leid aufzulösen, das Ihre Fähigkeit beeinträchtigen könnte, Herz und Seele in Ihre gegenwärtige Beziehung einzubringen.

Es ist zum Beispiel sehr wichtig, über die Beziehung zur Mutter – und zum Vater – nachzudenken, um festzustellen, ob da irgend etwas war, was Sie heute daran hindert, Ihrem Partner voll zu vertrauen.

Gab es in Ihrer Kindheit noch andere Menschen, denen Sie

vertrauten, die Sie beeinflußten, die Ihnen ihr Herz öffneten und Sie lehrten, wahre Zuneigung zu empfinden? Gewiß hatten Sie enge Freunde, als Sie heranwuchsen, Busenfreunde, mit denen Sie die Tiefen Ihres erwachenden Gefühlslebens ausloteten.

Dann, in der Pubertät – der große emotionale Umbruch, das sexuelle Erwachen! Sie verliebten sich zum ersten Mal, wurden schwer enttäuscht – vermutlich mehrere Male –, ehe Sie ganz erwachsen waren.

Es ist eine psychologische Tatsache, daß wir nur dann, wenn wir alle unsere inneren Wunden geheilt haben – sexuelle und andere –, in der Lage sind, uns wirklich hinzugeben. Deshalb sollten wir unseren seelischen Wunden große Aufmerksamkeit schenken und alles tun, um emotionale Erstarrungen zu lösen.

2. Vertrauen erreichen ohne Drogen

Wir sind fast alle etwas gehemmt, wenn es darum geht, mit einem neuen Partner zum ersten Mal «zur Sache» zu kommen. Alles, was uns hilft, diese Hemmschwelle zu überwinden, scheint ein Segen zu sein, weil es uns in die Lage versetzt, einen sexuellen Kontakt mit jemandem herzustellen, den wir lieben bzw. näher kennenlernen möchten.

In unserer Gesellschaft greifen viele Menschen in einer solchen Situation zu einem Glas Wein oder Bier, um ihre Zurückhaltung zu überwinden. Doch es ist leider so, daß alle Rauschmittel unsere Fähigkeit, auf eine tiefere geistige Ebene der Vertrautheit zu gelangen, stark beeinträchtigen. Vielleicht können wir mit Hilfe von Drogen unsere Hemmungen überwinden, vielleicht ermöglichen sie uns, unsere Leidenschaft freier auszuleben, aber letzten Endes sind sie Feinde eines wirklichen Herzenskontakts, weil sie eine offene, emotionale Begegnung verhindern, die die Grundlage jeder echten intimen Beziehung ist. Damit soll gewiß kein Alkoholverbot ausgesprochen werden, aber von einem geistigen Gesichtspunkt aus ist es recht wichtig zu lernen, auch ohne künstlichen «Türöffner» sexuelle Verwundbarkeit riskieren zu können.

3. Vertraute Gespräche

Bei fast allen sexuellen Beziehungen steht am Anfang das Wort. Doch wenn wir nicht ehrlich sein können, wenn schon unsere Worte nicht unsere wahren Gefühle und Absichten vermitteln, wird es uns schwerfallen, mit dem anderen ehrlich zu sein, wenn es zu intimerem Kontakt mit ihm kommt.

Es ist so leicht, sein wahres Selbst hinter einer glatten, verbalen Fassade zu verbergen, die uns ausgeglichener und gelassener erscheinen läßt, als wir uns im Augenblick wirklich fühlen. Dabei wollen wir uns eigentlich gar nicht verstellen. Wir müssen also lernen, hohle Phrasendrescherei zu vermeiden, so daß wir wirklich «von Herzen» zu dem sprechen können, den wir lieben.

4. Blickkontakt wagen

Wir alle wissen aus Erfahrung, daß in heißen, verstohlenen Blicken, in langen, überwältigenden Momenten eines Blickkontakts jene sexuelle Intensität zum Ausdruck kommen kann, die eine enger werdende Beziehung kennzeichnet.

Unglücklicherweise haben viele von uns als Heranwachsende gelernt, Blickkontakt als Mittel einer intensiven, offenen Kommunikation zu vermeiden. Normalerweise weichen wir den Augen des anderen aus, damit er uns nicht zu tief ins Herz schaut und unsere Seele erkennt, obwohl gerade ohne diese Dimension der sexuellen Beziehung eine wahre geistige Vertrautheit nicht möglich ist.

5. Hautnahe Meditation

Wenn eine Beziehung enger und enger geworden ist und die erste sexuelle Begegnung näherrückt, müssen wir bereit sein, Gedanken, Erwartungen, ja, die ganze Zukunft loszulassen, wenn wir in den Zauber des ewig gegenwärtigen Augenblicks eintreten wollen, in dem eine wahre Vereinigung tatsächlich geschieht.

Die meisten von uns aber haben große Schwierigkeiten, den Verstand zum Schweigen zu bringen. Wir sind Gefangene des Gedankenstroms, der unsere Aufmerksamkeit von der sinnlichen Begegnung ablenkt und verhindert, daß unsere Seele mit der unseres geliebten Partners verschmilzt.

6. Ekstase ohne erotische Phantasien

Von großer Bedeutung ist es, sich von gewohnten Phantasien zu befreien, wenn wir mit unserem Partner direkten Körperkontakt aufnehmen. Viele von uns sind geradezu Gefangene ihrer sexuellen Phantasien und dadurch unfähig, den gegenwärtigen Augenblick wirklich zu erleben und voll auszukosten.

Während des Geschlechtsverkehrs zu phantasieren wurde vor einigen Jahren mal als eine großartige Möglichkeit gepriesen, ein sexuelles Erlebnis noch zu verstärken. Ganz sicher fördern solche Phantasien die Selbstbefriedigung. Wenn Sie jedoch mit Ihrem Partner auch auf geistiger Ebene eine echte Vereinigung erleben wollen, müssen Sie solche Phantasien meiden, genauso wie Drogen und zwanghaftes Denken und Reden, damit Ihr Ego mit dem Ihres Partners verschmelzen kann.

7. Der vollkommene Orgasmus

In den letzten Jahrzehnten ist viel über den Orgasmus geredet und geschrieben worden. Zum Beispiel wurde festgestellt, daß viele Frauen einen Orgasmus vortäuschen, damit der

Partner das Gefühl hat, potent zu sein. Und es wurde auch festgestellt, daß viele Männer ejakulieren, ohne eine tiefere orgastische Erfahrung zu haben. Die Wissenschaftler können stundenlang über Anatomie, Stimulus und Reaktion des Orgasmus sprechen. Aber worin besteht, vom geistigen Standpunkt aus betrachtet, die wahre Natur eines orgastischen Erlebnisses?

Zweifellos bietet ein verlängerter Orgasmus die Möglichkeit, vorübergehend aus der isolierten Ego-Identität auszubrechen und unser Bewußtsein zu erweitern, so daß wir mit dem Menschen, mit dem wir sexuell verkehren, für einen kurzen Moment eins werden. Der Orgasmus ist tatsächlich die Methode der Natur, uns in einen transzendenten Bewußtseinszustand zu versetzen, wenn auch nur für eine kurze Zeit.

Aber viele von uns identifizieren sich so stark mit ihrem Gefühl der Individualität, daß sie Angst haben loszulassen, um durch den Orgasmus in höhere Seinsbereiche vorzustoßen, vielleicht sogar in einen momentanen Zustand der völligen Vereinigung mit dem Universum und dem, was darüber hinausgeht – mit Gott oder der letzten spirituellen Wirklichkeit, wie immer man das bezeichnen will. Doch der physiologische Orgasmus ist nicht die einzige Möglichkeit, beim Liebesakt Transzendenz zu erreichen. Wir werden im weiteren erkennen, daß der Orgasmus eine Erfahrung des ganzen Körpers und der ganzen Seele ist, die beim sexuellen Höhepunkt einen Zustand der Seligkeit erleben.

Als wichtige Voraussetzung dafür, alle die sieben hier kurz skizzierten Stufen zu meistern, müssen wir vor allem lernen, uns zuerst einmal selbst zu akzeptieren, so wie wir im Augenblick sind. Nur dann können wir uns neue Seinsbereiche erschließen. Statt uns als unzulänglich einzustufen, müssen wir uns selbst mögen, mit all unseren Problemen und

Fehlern. Und auch unseren Partner müssen wir im gleichen wohlwollenden Licht sehen.

Das mag auf den ersten Blick wie ein Widerspruch klingen. Wenn wir uns so akzeptieren, wie wir sind, werden wir dann nicht den Drang verlieren, noch weiter vorwärtszustreben? Wenn wir uns entspannen und uns einfach lieben, werden wir dann nicht in unserer Entwicklung stehenbleiben?

Joel Kramer hat die einzig richtige Antwort darauf gegeben: «Es ist nicht der Wunsch, sich zu entwickeln, der eine Entwicklung bewirkt, sondern eher ein ganzheitliches Sehen von uns selbst.» Wir können uns tatsächlich nicht zwingen, uns tief in unserem Inneren zu verändern. Wir können zum Beispiel auch unsere Vergangenheit nicht ändern. Und ein großer Teil unserer mentalen und emotionalen Reaktionen ist genetisch bedingt, also durch uns nicht umzupolen. Wir werden immer das sein, was wir sind.

Aber wir können lernen, ehrlich auf das zu blicken, was wir in der Vergangenheit getan haben, und betrachten, wie wir uns gegenwärtig verhalten. Wir können lernen, uns unsere – manchmal manischen, manchmal depressiven – Fixierungen auf Dinge um uns herum bewußt zu machen und in uns selbst hineinzuhorchen. Um die in diesem Buch gesteckten Ziele zu erreichen, müssen wir vor allem sorgfältig ausloten, wie wir mit unseren Partnern umgegangen sind, sowohl mit denen, die längst aus unserem Leben verschwunden sind, als auch mit dem, der vielleicht gerade in der vergangenen Nacht mit uns zusammen war.

Dieser so einfach klingende mentale Prozeß der mitfühlenden Beobachtung unserer Person in Aktion – in Vergangenheit und Gegenwart – ist der einzig wahre Weg zu persönlichem innerem Wachstum.

Es ist ein grundlegendes Prinzip, daß geistige Vertrautheit eine Qualität ist, die nicht erzwungen werden kann. Sie kommt als Gnade und mühelose magische Erfahrung. Wir können nur eines tun: Wir können lernen, unseren Geist von den Hindernissen zu befreien, die gewöhnlich einen vertrauten Kontakt blockieren. Dazu brauchen wir uns nur mit unserem Partner in einem tiefen und noch spielerischen Gefühl zu entspannen und uns bewußt dem wohltätigen Einfließen des Geistes der sexuellen Liebe zu öffnen.

Diese Dinge im Gedächtnis behaltend, schlage ich vor, daß Sie, ehe Sie sich auf den Sieben-Stufen-Weg begeben, tief Luft holen, sich so annehmen, wie Sie im Augenblick sind, und entspannen, während Sie versuchen, sich klarer und ehrlicher und mit mehr Mitgefühl zu betrachten. Alles, was Sie letzten Endes dabei riskieren, ist eine geistige Begegnung mit sich selbst, mit Ihrem Partner und mit dem Universum, zu dem wir alle gehören.

Unter einem Paar auf dem Weg zueinander stellt man sich gewöhnlich zwei junge Menschen vor. In Wirklichkeit ist es jedoch ein großer Fehler anzunehmen, daß nur sie Probleme mit der wahren Intimität haben. Die Besucher meiner Kurse über geistige Sexualität sind fast zu gleichen Teilen junge Menschen, Leute mittleren Alters und Senioren.

Wie alt wir auch sind, woher wir auch kommen, was für einen gesellschaftlichen Status wir auch haben – wir alle haben ein Urbedürfnis nach emotionaler Bindung, nach sexueller Hingabe, nach geistiger Transzendierung unseres Käfigs aus Selbstüberschätzung und Einsamkeit. Es ist deshalb kein Zufall und auch nicht erstaunlich, daß sexuelle Intimität und Verständnis auf geistiger Ebene zu den Schlüsselworten der neunziger Jahre gehören. Ein Psychologe hat es mal folgendermaßen ausgedrückt: «Meine Generation findet den Mythos der dauerhaften Ehe bei weitem attraktiver als die Wirklichkeit, in der man als Single lebt. Die dauerhafte Ehe ist sogar die unerfüllt gebliebene Wunschvorstellung der achtziger Jahre.»

Fragebogen:
Wagen Sie geistige Intimität?

Jeder von uns hat seine eigenen und einzigartigen Wünsche und Gewohnheiten auf sexuellem Gebiet. Es gibt Zeiten, da ist Sex machen nicht mehr als das, was die beiden Wörter besagen – die einfache physische Entladung körperlicher Spannungen. Manchmal jedoch wird sexuelle Liebe plötzlich in eine bemerkenswerte geistige Begegnung verwandelt, dann nämlich, wenn wir die tieferen, ja mystischen Bereiche einer sexuellen Beziehung entdecken.

Als erste Erkundung Ihrer eigenen gegenwärtigen Situation hinsichtlich sexueller Intimität sollten Sie feststellen, welche Gedanken und Gefühle spontan in Ihnen aufsteigen, wenn Sie über die folgenden Fragen nachdenken – zunächst nur im Hinblick auf Sie selbst und dann, wenn Sie Lust haben, auch im Hinblick auf Ihren Partner.

1. Haben Sie oft das Verlangen nach sexueller Vertrautheit mit Ihrem Partner?
2. Haben Sie das Gefühl, daß Sie mit Ihrem Partner offen über Ihre intimeren Gefühle sprechen können?
3. Fällt es Ihnen leicht, sich dem spontanen Rausch sexueller Hingabe zu überlassen, der zum vollkommenen Orgasmus führt?
4. Empfangen Sie in Ihrem Liebesleben genug Zärtlichkeit und Zuneigung, so daß Ihr Herz zufrieden ist?
5. Können Sie sich öffnen und Ihre größten sexuellen Geheimnisse mit Ihrem Partner teilen?
6. Wie oft fühlen Sie sich in Ihrem gegenwärtigen Leben einsam?
7. Können Sie das Gefühl von einem getrennten Selbst während des Geschlechtsverkehrs loslassen und sich der geistigen Kraft eines totalen Orgasmus hingeben?
8. Blicken Sie Ihrem Partner oft in die Augen und erleben

dabei die vibrierende, vereinigende Leidenschaft eines visuellen Verkehrs?

9. Können Sie beim Sexualakt leicht alle Gedanken und Phantasievorstellungen loslassen und sich auf die augenblicklich vorhandene Intensität einer geistigen Ebene des Verkehrs einstimmen?

10. Läßt Ihr Partner es zu, daß Sie in seine oder in ihre geheimen inneren Bereiche einer mystischen Präsenz blicken?

11. Würden Sie sagen, daß Sie noch immer Schuldgefühle wegen einiger Ihrer sexuellen Wünsche und Aktivitäten haben?

12. Haben Sie manchmal mitten beim Geschlechtsverkehr große Angst?

13. Benützen Sie häufig irgendwelche Drogen, damit Ihnen völlige Hingabe und uneingeschränkte sexuelle Leidenschaftlichkeit möglich wird?

14. Können Sie manchmal mit Ihrem Sexualpartner Ihre aggressiven Gefühle ausagieren?

15. Würden Sie sagen, daß in Ihrer sexuellen Beziehung ein Gefühl des gegenseitigen Respekts und der Gleichberechtigung besteht?

16. Haben Sie und Ihr Partner beide den Wunsch, durch Ihre sexuellen Kontakte Bereiche des geistigen Erwachens zu erforschen?

17. Spüren Sie manchmal beim Liebesakt, daß Sie kurz davor sind, sich einer tieferen mystischen Wirklichkeit zu überlassen?

18. Wurden Sie dazu erzogen, Sex und Geist als Gegensätze anzusehen, oder betrachteten Ihre Eltern Sexualität auch als geistige Erfahrung?

19. Wenn Ihr Partner und Sie sich lieben, sind Sie dann entspannt und lassen die Leidenschaft von allein kommen, oder zwingen Sie den Höhepunkt oft herbei?

20. Fühlen Sie sich frei von den Verletzungen und Einflüssen alter Liebesbeziehungen, oder sind Sie noch immer in den Fesseln der Vergangenheit?

21. Wie oft spüren Sie das Einströmen einer geistigen Energie in Ihren Körper und in Ihre Seele, wenn Sie sexuell verkehren?

22. Haben Sie mit Ihrem Partner bereits das Gefühl einer völligen Verschmelzung und geistigen Einheit erlebt, oder liegt diese Erfahrung für Sie noch in der Zukunft?

23. Lösen Sie sich nach dem Liebesakt sofort voneinander, oder halten Sie sich in der Ekstase eines vibrierenden Herzenskontakts noch in den Armen?

24. Würden Sie sagen, daß Sie für eine völlig neue Phase der geistigen Entdeckung in Ihrer sexuellen Beziehung bereit sind?

I
Alte Wunden heilen lassen

Roger hatte keine besonders schöne Kindheit. Vater und Mutter stritten häufig. Als er zehn war, verließ seine Mutter wegen eines anderen Mannes die Familie und kehrte erst nach drei Monaten zurück. Danach war Rogers Vertrauen zu ihr nachhaltig gestört. Er konnte sich ihr gegenüber nicht mehr innerlich öffnen. Heute, als Erwachsener, zeigt Roger bei jeder Liebesbeziehung immer wieder das gleiche Verhaltensmuster: Er wagt sich nur bis zu einem bestimmten Punkt vor und läßt keine feste Bindung zu, weil er tief im Innern befürchtet, daß er, wenn er sich auf eine Frau wirklich einläßt, schließlich verlassen wird, so wie ihn seine Mutter seiner Meinung nach verließ. Und so ist er in jedem Augenblick der Gegenwart ein Gefangener der Vergangenheit.

Roger gehörte eigentlich nicht zu der Art von Menschen, die auch nur in Betracht ziehen würden, in ein Seminar über «intime» Probleme zu gehen. Er war im Hinblick auf Gefühlsäußerungen stets auf der Hut. Aber zufällig arbeitete er mit einem Mann zusammen, der ein Klient von mir war. Sie unterhielten sich häufig, und schließlich, als wieder einmal eine Affäre unglücklich geendet hatte, rief Roger mich eines Nachmittags an und bat um ein Gespräch.

«Es geht mir schlecht, wenn ich's tue, und wenn ich's nicht tue, auch», sagte er während unseres ersten Gesprächs. «Es ist wirklich die Hölle, sich mit einer Frau einzulassen, sie zu brauchen und Angst zu haben, daß sie einen sitzenläßt. Aber es ist noch schlimmer, allein zu leben. Ich halte das nicht mehr aus. Ich kann verstehen, was meine Mutter durchgemacht hat. Ich versuche, ihr zu vergeben. Aber irgendwie komme ich immer noch nicht von der Vergangenheit los. Ich kann mich einfach nicht freimachen davon.»

Es dauerte ziemlich lange, bis er sein Kindheitstrauma so weit verarbeitet hatte, daß er in der Lage war, eine Frau zu lieben und ihr zu vertrauen. Abgesehen vom Grad der Intensität war sein Grundproblem aber ein ganz allgemeines. Er hatte sich einmal völlig vertrauensvoll hingegeben und war im Stich gelassen worden. Das hatte er nicht noch mal erleben wollen.

Jedem von uns wurde im Leben mindestens einmal das Herz gebrochen, vielleicht von der Mutter oder vom Vater, vielleicht in der Kindheit von einem guten Freund, einer guten Freundin, höchstwahrscheinlich auch mal von einem Partner in einer Liebesbeziehung. Eine tiefe Beziehung einzugehen und sie dann aus irgendeinem Grund beenden zu müssen, ist ein integraler Bestandteil eines erfüllten, gesunden Lebens. Wir müssen daher ständig bemüht sein, solche Schicksalsschläge zu verwinden, damit wir uns wieder öffnen und erneut lieben können. Sonst bleibt in unserem Herzen der stechende Schmerz der Verlassenheit und der Ablehnung, und wir werden unfähig, uns entgegengebrachte Liebe zu erkennen und zu erwidern.

In diesem Kapitel wollen wir uns mit beidem beschäftigen, mit dem Bindungsprozeß, der zwei Menschen zusammenfinden läßt, und dem psychologischen Prozeß, der es uns ermöglicht, nach einer inneren Verletzung wieder zu gesunden und eine neue Liebesbeziehung einzugehen. Diese erste Phase der Beschäftigung mit vergangenen Leiden ist absolut wichtig, um zu lernen, einer gegenwärtigen sexuellen Verbindung die notwendige Basis des Vertrauens und der Vertrautheit zu geben.

Das heißt nicht, daß man nun endlos in schmerzlichen Erinnerungen wühlen soll. Dieser Prozeß des Zurückblickens, um frühere intime Beziehungen neu einzuschätzen und noch einmal zu durchleben, kann auch ein (heilsames) Abenteuer sein, wenn man sich ihm offen und mitfühlend nähert.

Zum Beispiel müssen Sie zu Beginn jeder neuen Liebesbeziehung ein außerordentlich schönes Gefühl erlebt haben – sozusagen Aufbruchstimmung auf der ganzen Linie. Es ist sehr wichtig, diese schönen Gefühle, die Sie damals mit einem anderen teilten, zurückzugewinnen. Dieser Schatz an positiven Erinnerungen bildet das Fundament Ihrer gegenwärtigen ekstatischen Vereinigungen. Statt mit jeder neuen Liebe die vorangegangene auszulöschen, sollten die Gefühle aus früheren intimen Bindungen in einer neuen Beziehung mitschwingen und deren Intensität verstärken.

Beginnen wir mit dem Verhältnis zur Mutter, dieser frühesten Bindung, die das Kind so viel über die Liebe lehrte und dennoch oft bei der sexuellen Hingabe des Erwachsenen im Weg steht.

Die unvollkommenen Mütter

Therapeuten sind bekannt für ihre kritische Haltung gegenüber den Müttern. Manche wälzen alle Schuld an psychischen Problemen, die jemand hat, auf die Mutter und ihre Erziehungsfehler ab. Dabei versäumen sie gewöhnlich anzumerken, daß die Mutterrolle zwangsläufig nicht perfekt ausgeübt werden kann. Die Ansprüche, die ein Kind an seine Mutter stellt, gehen über deren Möglichkeiten, sie zu erfüllen, weit hinaus.

Zum Beispiel erwartete jeder von uns instinktiv, daß die Mutter voller Liebe und Verständnis jederzeit für einen da war. Zugleich aber forderten wir, daß sie uns in Ruhe ließ, damit wir unser eigenes Leben führen konnten. Darüber hinaus erwarteten wir als kleine Kinder, daß die Mutter all unsere Gefühle und Bedürfnisse kannte, unsere Wünsche erahnte, wußte, was in unserem Kopf vorging, und stets und sofort «richtig» darauf reagierte.

Keine Mutter kann dieser unrealistischen Anforderung gerecht werden. Deshalb fühlten wir uns als kleine Kinder immer dann im Stich gelassen, wenn man uns, wie wir fanden, abweisend behandelte und uns nicht richtig verstand, so daß unsere Bedürfnisse nicht voll befriedigt wurden. Wir fühlten uns auch jedesmal verletzt, wenn sie uns ein wenig von sich wegschob – damit wir unabhängiger wurden und sie selbst mal ein bißchen Ruhe hatte.

Trotz dieser naturgemäß schmerzlichen Dimension einer jeden Mutter/Kind-Beziehung haben die meisten von uns eine enge emotionale Bindung zur Mutter gehabt – ein besonderes Gefühl des Einsseins, Basis für alle weiteren Herzensbegegnungen in unserem Leben.

Zum Beispiel haben wir, als wir uns noch im Mutterschoß befanden, ein Gefühl der totalen Einheit mit der Mutter erfahren. Sie war für uns das Universum, bis wir geboren wurden. Sie war die große Göttin, die nicht nur für all unsere körperlichen Bedürfnisse sorgte, sondern uns auch erlaubte, innerhalb einer vollkommen grenzenlosen Unendlichkeit des Seins zu leben.

Diese Erfahrung im Mutterschoß bildete die empirische Basis für unsere spätere Suche nach dem Einswerden. Weil wir einmal diese scheinbar unendliche Zeit des Einsseins mit einem anderen menschlichen Wesen erlebten, mit einem anderen Körper, in den wir eingebettet waren, haben wir alle das natürliche Verlangen, diesen Zustand reiner Glückseligkeit wiederzuerlangen – und genau das geschieht auf einer bestimmten Ebene beim Liebesakt.

Während des Geschlechtsverkehrs kann sich ein Mann rein körperlich wieder dorthin zurückversetzen, wo er begann – in den Mutterschoß. Eine Frau hat in dieser Beziehung eine andere sexuelle Erfahrung. Sie wird sich nach und nach ihres eigenen Schoßes bewußt. Und wenn ihr Verstand sich während des Liebesaktes von allen Gedankenwanderungen befreit und seine Aufmerksamkeit völlig auf die Geschlechtsregionen lenkt, stellt sie fest, daß wieder Gefühle lebendig werden, die mit den eigenen Erfahrungen im Mutterschoß vor der Geburt in Einklang stehen.

Wenn wir als Erwachsene weiter mit unserer Mutter uneins sind, wenn wir unser Herz vor ihr verschließen, weil wir glauben, sie hätte uns irgendwie abgelehnt, ja sogar im Stich gelassen, dann werden wir feststellen, daß wir nicht fähig sind, während des Geschlechtsverkehrs einen echten Kontakt mit unserer eigenen Erfahrung im Mutterleib herzustellen. In Alexander Lowens Buch *Liebe, Sex und dein Herz* heißt es zu diesem Punkt, daß eine derartige Gefühlsblockade die Erfahrung eines Orgasmus des ganzen Körpers direkt behindert.

Deshalb ist es wichtig, unser Herz für den Schoß offenzuhalten, aus dem wir kamen, und darüber hinaus unsere Mutter so, wie sie ist, anzunehmen und ihr zu vergeben, ganz gleich, wie wir von ihr als Kinder und Heranwachsende behandelt worden sind.

Der abwesende Vater

Bei vielen Säugetieren ist der Vater im Leben eines Jungen einfach nicht vorhanden. Allein die Mutter ist zuständig für die Aufzucht des Nachwuchses. Im Land der sagenhaften Amazonen soll es genauso gewesen sein. Die Männer wurden nur zur Befruchtung der mächtigen und ansonsten unabhängigen Frauen gebraucht.

In unserer Kultur ergeht es Kindern manchmal ebenso. Selbst wenn der Vater im Prinzip da ist und für das materielle Wohl der Familie sorgt, kann er gefühlsmäßig weit entfernt sein. Er bietet den Kindern keine Gelegenheit, eine vertrauensvolle, von Herzen kommende Beziehung aufzubauen. In anderen Familien mag es genau umgekehrt sein, und der Vater ist der beste Freund des Kindes.

In den ersten Monaten besteht selbstverständlich eine natürliche Fixierung auf die Mutter, denn sie ist die erste Nahrungsquelle, und da das Baby aus ihrem Schoß gekommen ist, besteht bereits eine Bindung an sie. Aber danach bestimmt die Offenheit des väterlichen Herzens gegenüber dem Kind den Grad der Vertrautheit, die zwischen ihnen entsteht.

Wir leben in einer Gesellschaft, in der dem Vater bestimmte Rollen zugewiesen werden, andere wieder der Mutter, und diese Rollen beeinflussen die Art und Weise, wie sich unsere Beziehung zum Vater entwickelt, sehr stark.

Zweifelsohne sind Väter anders als Mütter, und kleine Kinder sind sich dieser Unterschiede deutlich bewußt. Da ist zuerst einmal die phallische männliche Gegenwart im Haus, und da ist all das, was dieser Phallus repräsentiert. Ein kleiner Junge wird gewöhnlich das körperliche Gefühl, männlich zu sein, mit seinem Vater teilen. Bei einem kleinen Mädchen besteht vor allem das Gefühl eines grundlegenden Unterschieds zwischen dem Vater und sich selbst. Dieser Unterschied wird später zu einem wichtigen Thema, wenn das Mädchen seine eigene sexuelle Identität entdeckt.

In der Regel erfahren wir zuerst von unseren Eltern etwas über Sex, entweder weil sie ihr Verlangen nach dem Partner offen zeigen oder weil sie, was ihre Sexualität betrifft, gehemmt sind.

Traditionell haben in unserer Kultur die Eltern dazu geneigt, ihre sexuelle Vertrautheit vor den Kindern zu verbergen. Sie verhielten sich, als sei es etwas Anstößiges, in Gegenwart ihrer Sprößlinge sexuelle Gefühle zu zeigen. Viele Kinder sind aufgewachsen, ohne je den Penis ihres Vaters oder die Brüste ihrer Mutter zu Gesicht bekommen zu haben, denn sehr häufig bringt es die Eltern in Verlegenheit, sich vor den Kindern nackt sehen zu lassen. Diese elterliche Gehemmtheit kann diffuse Ängste vor allem Sexuellen in den Kindern hervorrufen, die sie bis ins Erwachsenenalter begleiten.

Häufiger bei Mädchen als bei Jungen gibt es auch noch die Inzestproblematik zwischen Vater und Kind, die das Gefühl der gegenseitigen Vertrautheit vergiften kann. Wie ich im Rahmen meiner Therapiearbeit mit männlichen Klienten immer wieder festgestellt habe, entziehen sogar Väter, die niemals an Inzest denken würden, ihre Wärme und Zuneigung ihren Töchtern aus Sorge, man könnte sie inzestuöser Wünsche verdächtigen. Die Tochter fühlt sich dadurch ohne offensichtlichen Grund abgelehnt.

Eine meiner Klientinnen zum Beispiel beschrieb die Gefühle, die sie als Kind für ihren Vater hatte, folgendermaßen: «Ich hatte keine Ahnung, was los war. Aber als ich in die Pubertät kam, mein Körper Formen annahm und ich anfing, alle möglichen romantischen Gefühle in mir zu spüren, schien mein Vater sein Verhalten mir gegenüber völlig zu verändern. Statt mich wie gewöhnlich morgens liebevoll zu umarmen und mir einen Kuß zu geben, warf er mir plötzlich böse Blicke zu, als hätte ich etwas angestellt. Es brach mir das Herz. Es verletzte mich so tief, daß ich mich herumzutreiben begann, und als ich fünfzehn war, wurde ich schwanger und mußte abtreiben, woraufhin mein Vater mich noch mehr haßte. Im Rückblick erkenne ich jetzt, daß er von meiner erwachenden Sexualität verwirrt war und sich vor ihr fürchtete.»

Väter können uns lehren, wie man lieben soll, doch sie

können uns auch lehren, wie man sich von der Liebe zurückzieht.

Die besten Freunde der Kindheit

Ganz gleich, wieviel Liebe und Zuneigung ein Kind zu Hause erhält, es hat trotzdem den angeborenen Drang, außerhalb der Familie mit gleichaltrigen Jungen und Mädchen Freundschaft zu schließen. Fast jedes Kind findet in der Schule oder sonst in der Gemeinschaft jemanden, mit dem es sich anfreundet. Das ist für das Erwachsenwerden sehr wichtig. Doch diese frühen platonischen Herzensbindungen überstehen oft nicht die Pubertät.

Die meisten Erwachsenen, mit denen ich über dieses Thema sprach, wissen gar nicht mehr, wo die Freunde ihrer frühen Kindheit heute leben und wie es ihnen geht. Das Wunder der Freundschaft bleibt als eine vage Erinnerung an echtes Vertrauen und echte Liebe, aber irgendwann schwand der Zauber, die Freundschaft erstarb, und das Leben ging weiter. «Ich erinnere mich, daß ich völlig niedergeschmettert war, als Teresa mit einer neuen Freundin herumlief und mit mir nichts mehr zu tun haben wollte», sagte eine Freundin von mir kürzlich, als wir uns über diese Frage unterhielten. «Meine Mutter versuchte, mir über meinen Kummer hinwegzuhelfen, aber da war nichts zu machen. Ich litt wochenlang. Damals muß ich acht Jahre alt gewesen sein. Wenn ich gewußt hätte, was Selbstmord ist, hätte ich vielleicht sogar daran gedacht, mein Leben zu beenden, so deprimiert war ich. Aber dann lernte ich ein anderes Mädchen kennen, wir taten uns zusammen, und plötzlich war das Leben wieder schön. Ich konnte wieder atmen, ich hatte eine neue Freundin.»

Eine bemerkenswerte Beobachtung, über die Therapeuten dennoch selten sprechen, ist die, daß sehr viele Erwachsene ihr Leben lang vergeblich versuchen, neue Freundschaften zu schließen, die so einzigartig sind wie jene in ihrer Kindheit. Eine meiner Kolleginnen ging sogar so weit zu behaupten, daß «ein wesentlicher Grund, warum Paare sich trennen, der Mangel an Intensität und Vertrautheit und die fehlende tiefe Bindung ist, die einst bei einer Kindheitsfreundschaft vorhanden waren. Obwohl wir niemals diese Qualität der Intimität wiedergewinnen können, die wir als Kinder kannten, verschwenden viele von uns ihr Leben mit der Suche danach. Dies ist, was zwischenmenschliche Beziehungen angeht, eine höchst bedauerliche Tatsache.»

Ich bin zum Teil auch ihrer Meinung. Wir sehnen uns nach der verlorenen Unschuld und Innigkeit dieser frühen Freundschaften zurück, doch wir haben, während wir erwachsen wurden, so viele Veränderungen durchgemacht, daß uns gewisse mythische Bereiche einer Kinderfreundschaft nunmehr verschlossen bleiben. Gleichzeitig ist es aber wichtig festzustellen, daß unser gegenwärtiges «Gefühl», was echte Freundschaft ist, tatsächlich ursprünglich aufgrund jener frühen Beziehungen entwickelt wurde, und wir können zumindest darauf hinarbeiten, als Erwachsene etwas Gleichwertiges zu erfahren.

In der Therapie bitte ich häufig Klienten, genau das zu tun, was ich jetzt Ihnen vorschlage, nämlich das Gefühl in Ihrem Herzen wiedererstehen zu lassen, das Sie als Kind für den besten Freund oder die beste Freundin hatten, damit es in Ihrer gegenwärtigen Beziehung erneut lebendig wird, natürlich durch die Jahre, die seitdem verstrichen sind, verwandelt, aber in der Essenz von gleicher Qualität.

Eine langjährige gute Freundin von mir hat drei Ehen und etwa ein Dutzend intensiver sexueller Beziehungen erlebt, seit sie ihr Elternhaus verlassen hat. Wir trafen uns vor ein paar Tagen und unterhielten uns bis tief in die Nacht hinein. Sie erzählte mir mit strahlenden, zufriedenen Augen, daß ihre jetzige Ehe schon sechs Jahre hielte, weil sie endlich den Mann gefunden habe, nach dem sie immer gesucht hätte. «Es war all die Schmerzen und das Suchen wert», sagte sie. «Don ist der erste Mann, mit dem ich nicht nur geschlafen habe, sondern der auch ein richtiger Freund ist. Bei ihm kann ich einfach sein, wie ich bin, wie damals bei meiner Freundin, als ich ein Kind war. Das habe ich früher immer vermißt, und darum war keine meiner Beziehungen von Dauer.»

Sexuelle Verletzlichkeit verlangt diese Ebene der Freundschaft, wenn man beim Liebesakt in mystische Bereiche der Interaktion vorstoßen will. Wenn bei einer sexuellen Beziehung kein wahres Vertrauen, keine wahre Freundschaft vorhanden ist, wird Ihre Seele diese Verwundbarkeit nicht riskieren. Und danach fühlen Sie sich dann eher deprimiert als beseligt.

Deshalb möchte ich Sie dazu ermuntern, jetzt und in den nächsten Tagen und Wochen regelmäßig zurückzublicken und sich an die tiefen Freundschaften in Ihrer Kindheit und Jugend zu erinnern. Durch das Wiedererleben Ihrer damaligen Erfahrungen mit engen Freunden wird in Ihrem Herzen erneut das Gefühl erwachen, das Sie für Ihre einstigen Busenfreunde hatten, und Sie werden diese Kraft des Vertrauens und der Zuneigung in Ihre gegenwärtige Beziehung einbringen können.

Die Kindheit noch einmal erleben

Ich möchte Ihnen einen Schlüssel an die Hand geben, der den Zugang zu diesen Erinnerungen öffnet – eine therapeutische Selbsthilfe sozusagen. Sie können diese Übung jederzeit machen, wann immer Sie fünf oder zehn Minuten Ruhe haben. Die Auswirkungen auf das Zusammensein mit Ihrem gegenwärtigen Partner werden beachtlich sein.

Bei der Reise in die Vergangenheit gehen Sie wie im

nächsten Absatz beschrieben vor. Sie sollten sich die einzelnen Schritte einprägen und dann in den kommenden Tagen und Wochen die Übung regelmäßig absolvieren.

Setzen oder legen Sie sich bequem hin. Stellen Sie eine Verbindung zu Ihrem Atem her, und seien Sie sich bewußt, wie Sie ein- und ausatmen. Strecken Sie sich, und spüren Sie, wie Ihr ganzer Körper jetzt, in diesem Augenblick, lebendig ist. Schließen Sie die Augen, wenn Sie das möchten. Spüren Sie, wie die Luft beim Atmen durch die Nase ein- und ausströmt. Lassen Sie alle Gedanken los. Seien Sie sich bei jedem neuen Atemzug der Bewegung Ihrer Brust und Ihres Bauchs bewußt. In diesem entspannten, offenen Zustand lassen Sie Ihren Geist ganz allgemein in die Richtung der Person oder des Themas aus Ihrer Vergangenheit wandern, an die oder an das Sie sich erinnern wollen. Bleiben Sie sich Ihres Atems bewußt, während die Erinnerungen mühelos zu Ihnen kommen. Bleiben Sie sich Ihrer Gefühle bewußt, und lassen Sie sich von Ihren Erinnerungen führen, wohin diese wollen.

Diese Grundtechnik der sanften Hypnose wird in Ihnen rasch eine lebhafte Erinnerung an die Person oder das Thema hervorrufen, an die/das Sie denken. Jedesmal, wenn Sie eine solche Reise in die Erinnerung machen, werden Sie feststellen, daß Sie noch weiter in das Wiedererleben Ihrer Vergangenheit eindringen können. Und dieses intensive Erinnern wird als kraftvoller Anreiz dafür dienen, die scheinbar verlorenen Gefühle in Ihrem Herzen wiederzuerwecken, und eine spontane Heilung bewirken.

Natürlich werden im Zusammenhang mit Ihrer Mutter, Ihrem Vater und den Freunden in Ihrer Kindheit sowohl schmerzliche als auch erfreuliche Erinnerungen auftauchen. Die Emotionen, die wichtige Ereignisse aus Ihrer Vergangenheit begleiten, heute noch einmal auszuleben, ist der Schlüssel zur Heilung von emotionalen Wunden. Die Heilung findet genau an dem Punkt statt, an dem Sie sich an eine vergessene Erfahrung erinnern, die sie begleitenden Emotionen intensiv erleben und das, was mit Ihnen geschah, annehmen. Dann können Sie vergeben, die Vergangenheit loslassen und jeden gegenwärtigen Augenblick intensiver erfahren. Eva Pierrakos beschrieb es so: «Indem Sie alle diese Emotionen aus der Vergangenheit wieder durchleben, lassen Sie Ihre Kindheit tatsächlich hinter sich zurück und beginnen, neue innere Verhaltensmuster zu schaffen, die unendlich konstruktiver und lohnender sind.»

Die jugendliche Schwärmerei

Das nächste Ereignis in unserer Entwicklung hin zu einer reifen sexuellen Beziehung ist das Phänomen, das man gewöhnlich als «jugendliche Schwärmerei» bezeichnet. Wenn in der Pubertät die erste Leidenschaft in einem jungen Menschen erwacht, besteht die Tendenz, sich auf eine gleichsam sexuelle Weise in eine ältere Person zu verlieben – vorzugsweise einen Lehrer bzw. eine Lehrerin. Diese erste emotionale Aufwallung ist für die spätere Entwicklung äußerst wichtig. Plötzlich erwacht in einem Kind ein neues Gefühl, ein neuer Hunger, der in Körper und Geist sowohl als sexuelle als auch als geistige Leidenschaft erlebt wird.

Das erste sexuelle Erwachen in einem jungen Menschen ist ein ebenso zartes Pflänzchen wie das feine Gras, das die Erde durchstößt und emporwächst. Unsere ersten Erfahrungen mit der sexuellen Leidenschaft und die Reaktionen der Menschen um uns herum auf unsere sich entwickelnde Sexualität lassen Verhaltensmuster entstehen, die uns das ganze Leben lang beeinflussen. Deshalb ist es so wichtig, unser erstes leidenschaftliches Verlangen und unser sexuelles Erwachen – und damit ja auch die uns innewohnende schöpferische Kraft – noch einmal zu erleben und darüber nachzudenken.

Wenn wir in die erste jugendliche Schwärmerei verfallen, haben wir keine Ahnung, was da eigentlich in uns vorgeht. Wir merken nur, daß eine völlig neue Energie von unserem Körper Besitz ergreift und ein neuer Geist von unserer Seele, und in völliger Unschuld richten wir diese neue Potenz, diese neue Kraft in unserer Seele und in unserem Körper, auf eine bestimmte Person, wie gesagt, auf einen Lehrer oder eine Lehrerin.

«Sie war unsere Spanischlehrerin», erzählte mir ein Klient, während er entspannt dalag und seine erste schwärmerische Leidenschaft noch einmal durchlebte. «Ich sehe sie direkt vor mir, wie sie damals vor der Klasse stand. Sie ist groß und in meinen Augen wunderschön, und wenn sie in meine Richtung blickt, wird mir sofort ganz flau im Magen. Ich kann es kaum aushalten, mit ihr im selben Raum zu sein, so heftig sind die Gefühle in meinem Körper. Es ist kein sexuelles Gefühl . . . ich kann es nicht richtig beschreiben, mein ganzer Körper fühlt sich an wie mein Penis manchmal kurz vor dem Höhepunkt. Da ist eine Leidenschaftlichkeit, ein Hunger, ich kann kaum atmen. Mein Kopf ist wie benebelt, und wenn sie mich aufruft, um ein Verb zu konjugieren, ist meine Stimme so leise, daß sie mich auffordert, lauter zu sprechen. Aber ich kann nicht. Unsere Blicke treffen sich für den Bruchteil einer Sekunde, wenn ich mit dem Konjugieren fertig bin. Ich merke ihr an, daß auch sie etwas für mich empfindet, und plötzlich schlägt das Herz in meiner Brust so schmerzhaft, daß ich aufstehe und bitte, hinausgehen zu dürfen. Ich schwitze, mein Körper fühlt sich an, als würde er gleich explodieren. Ich renne den Korridor entlang und habe das Gefühl, als könnte ich hoch in die Luft springen und fliegen.»

Zum erstenmal in seinem Leben überkam diesen Jungen die äußerste Ekstase und Agonie der sexuellen Begierde, er spürte sie intensiver als bei späteren Liebesbeziehungen, zumindest bis er als Erwachsener erneut gelernt hatte, Geist und Sex zu verschmelzen und in der Liebe wieder offen zu werden.

In einer späteren Sitzung erinnerte dieser Klient sich noch «intimer» und erlebte seine erste Ejakulation. Es war nachts, er lag im Bett und spielte an sich herum, während er von der Lehrerin träumte, und die Hitze der Leidenschaft trug ihn zu jenem Punkt, wo er zum erstenmal die explosive Erfahrung des Samenergusses machte.

«Ich war damals sehr religiös. Ich erinnere mich, wie ich aus dem Bett sprang und ins Bad lief – ich hatte das Gefühl, etwas schrecklich Sündiges getan zu haben. Ich begann sofort zu beten. Ich konnte Gottes Gegenwart spüren. Er beobachtete mich, und ich versprach, daß ich, wenn er mir vergäbe, so etwas Schlimmes nie wieder tun würde . . . Aber dann machte ich es schon in der nächsten Nacht wieder.»

Jungen befreien sich häufig durch Masturbation vom Druck der ersten schwärmerischen Liebe. Mädchen dagegen haben eine feinere physiologische Sexualität, ihre sexuelle Leidenschaft ist mehr eine Erfahrung des ganzen Körpers und des Herzens. Häufig entdecken Sie monate- oder jahrelang nicht, daß sie sich durch Masturbieren von sexuellem Druck befreien können.

«Es war der Vater meiner Freundin, in den ich mich verliebte, kurz bevor ich zwölf wurde, ein paar Monate, ehe ich meine erste Periode bekam», erzählte mir eine gute Freundin, als wir über ihre erste schwärmerische Liebe sprachen. «Er war ein sanfter, sinnlicher Mann, ganz anders als mein Vater. Er sah mich immer lange an, wenn ich meine Freundin besuchte, und ich dachte, ich müßte in den Boden versinken. Ich konnte an seinem Blick erkennen, daß er an mir sexuell interessiert war. Er war nicht der Typ Mann, der sich an ein ahnungsloses Mädchen rangemacht hätte, aber er feuerte jedesmal eine sinnliche Rakete ab, die mich voll traf. Als er anfing, mehr Notiz von mir zu nehmen, spürte ich sofort, daß er mit mir ins Bett gehen wollte, und der Gedanke daran machte mich ganz heiß. Ich stellte ihn mir nicht in mir vor, weil ich in meinen Phantasien noch nicht bis zu diesem Punkt gekommen war. Aber ich erinnere mich, daß ich einmal nachts schweißgebadet aus einem Traum erwachte, in dem er mich verfolgt hatte. Er hatte mich erwischt und stand nackt über mir. Danach lag ich manchmal im Bett und befühlte mich und malte mir aus, was er mit mir tun würde, wenn er die Gelegenheit dazu hätte. Das waren herrliche Phantasien. Damals wurde mir zum erstenmal klar, daß eines Tages ein Mann in mir sein würde. Sogar heute noch ertappe ich mich manchmal dabei, wie ich mir ihn als Liebhaber vorstelle. Erstaunlich, wie lange diese ersten Phantasien noch lebendig bleiben.»

Wenn wir ehrlich zu uns sind und die Erinnerungen an die Zeit der Pubertät deutlich genug wecken können, müssen wir zugeben, daß jeder von uns seine eigenen heimlichen Geschichten über seinen ersten körperlichen Liebeshunger zu erzählen hat. Entspannen Sie sich einmal für ein paar Minuten, und richten Sie Ihre Aufmerksamkeit bewußt auf die Vergangenheit. Genießen Sie den Sturm der Gefühle, der in Ihnen entsteht, während Sie die Leidenschaft Ihrer ersten schwärmerischen Liebe noch einmal erleben.

Die erste Liebe

Die erste jugendliche Schwärmerei dauert gewöhnlich nur kurz, ein paar Wochen oder im äußersten Fall ein paar Monate, dann wird der oder die Angebetete meistens durch ein im Prinzip erreichbares Objekt der Zuneigung ersetzt. Wenn man dann allerdings zurückgewiesen wird, können die emotionalen Langzeitfolgen verheerend sein.

«Sie war ein freundliches und schönes Mädchen, sehr jung noch und sehr scheu. Wenn sie doch mal einen Blickkontakt

wagte, war das immer mit jemand anderem, nie mit mir»,
bekannte ein Klient. «Ich sehnte mich so sehr nach ihr, daß
ich manchmal, wenn ich nach der Schule nach Hause kam, in
mein Zimmer hinaufging und mit der Faust derart fest gegen
die Tür schlug, daß die Knöchel bluteten. Ich war gerade
fünfzehn, und sie war das erste Mädchen, das eine solche
Wirkung auf mich hatte. Ich pflegte im Bett zu liegen und
mir auszumalen, was ich zu ihr sagte und sie zu mir. Und
natürlich träumte ich davon, alles mit ihr zu machen, das war
nur normal. Wenn es wirklich so etwas wie übersinnliche
Wahrnehmung gibt, muß sie monatelang gespürt haben, wie
ich sie jede Nacht bedrängte. Dann kam der große Schulball.
Ich fand endlich den Mut, zu ihr zu gehen und sie zu fragen,
ob sie mich begleiten würde. Sie sah mich kurz an und sagte
dann: ‹Also, ich glaube, ich möchte nicht.› Mir war, als hätte
man mir ein Messer in die Brust gestoßen. Ich brauchte
Monate, um sie nicht mehr zu hassen. Vielleicht hasse ich sie
sogar immer noch. Sie hat mich zerstört.»

Im Gegensatz zu diesem Klienten gelingt es den meisten
von uns, jemanden zu finden, mit dem man die ersten
positiven Schritte einer romantischen Bindung gehen kann.
Gewöhnlich ist er in unserem Alter, ist ebenso schüchtern
wie wir und sehnt sich gleichermaßen danach, endlich mit
jemandem Händchen zu halten und sich auf einer Ebene der
sexuellen Vertrautheit hinzugeben, die von heute aus betrachtet höchst harmlos aussieht, damals aber wie ein totaler
emotionaler Orgasmus war.

«Ich weiß nicht mehr genau, wie es anfing», erzählte mir
eine Bekannte über ihren ersten Freund. «Ich erinnere mich
nur, daß ich ihm in der Englischstunde gegenübersaß und
plötzlich seine Augen auf mich gerichtet fühlte. Ich sah zu
ihm hin und bemerkte, daß er mich heiß und verlangend
anblickte. Da schmolz ich einfach dahin. Ich erinnere mich,
daß mich ein weiches, pulsierendes Gefühl durchströmte und

ich den Atem anhielt ... Irgendwie schafften wir es dann, uns nach dem Unterricht zu unterhalten, und wir wurden Freunde, ohne daß wir es geplant hatten, einfach so. Ich erinnere mich auch, wie er mich nach einem Schulball zum erstenmal küßte. Ich spürte, wie er unten hart gegen meinen Körper stieß, und ich erschrak zu Tode. Beinahe wäre ich tatsächlich in Ohnmacht gefallen. Er bedrängte mich immer mehr und küßte mich immer heftiger.»

Jeder von uns hat seine eigenen Filme aus der Vergangenheit, die wir in der Abgeschlossenheit unseres Geistes und unserer schrittweisen Eroberung der lustvollen, leidenschaftlichen, erotischen Bereiche der sexuellen Vertrautheit wieder und wieder abspielen können. Das Leben selbst ist der beste Film. Aber statt das Gefühl zu haben, daß mit unseren so anschaulichen Sexszenen, die wir in der Vergangenheit mit verschiedenen Partnern gespielt haben, etwas nicht stimmt, sollten wir, wenn wir zurückblicken, dies mit positiven Gefühlen tun, mit Respekt, aber auch mit einer guten Portion Humor – und selbstverständlich mit vollem Verständnis dafür, wie wir in jedem Stadium unserer sexuellen und geistigen Entfaltung gefühlt und uns benommen haben.

Wie war die Geschichte Ihrer eigenen ersten sexuellen Leidenschaft und manchmal auch der entsetzlichsten Verlegenheit? Wie haben Sie sich – tastend, unsicher – Ihren Weg zu den ersten Berührungen, den ersten Küssen Ihrer pubertären Jahre gebahnt? Blicken Sie ehrlich auf Ihre erste echte Liebesbeziehung zurück, als Sie verstohlen Händchen hielten, einander heiße Blicke zuwarfen, sich küßten und aneinanderschmiegten. Öffnen Sie sich, um die emotionalen Aufwallungen von damals wieder zu spüren. Lassen Sie das Gefühl reiner Glückseligkeit in sich aufsteigen, das Sie damals hatten, weil jemand Sie vorbehaltlos liebte und Sie ihn ebenso. Und dann, nachdem Sie die ganze Spanne Ihrer ersten Romanze wieder durchlebt haben, gehen Sie auch in das Ende dieser Beziehung hinein, so daß Sie sich von allen Verkrampfungen lösen können, die dieses erste emotionale Trauma vielleicht in Ihnen hinterlassen hat.

Versuchen Sie dann, sich an den jungen Mann oder die junge Frau zu erinnern, durch den oder die Sie Ihre Jungfräulichkeit verloren haben – eines der einschneidendsten Erlebnisse für jeden jungen Menschen, auch wenn Jungfräulichkeit an sich – vor allem für ein Mädchen – heute nicht mehr den Stellenwert einnimmt, der ihr bis vor gar nicht so langer Zeit noch in unserer Gesellschaft zukam. Stellen Sie rückblickend fest, ob Sie sich irgendwie verletzt fühlten, als Sie zum erstenmal körperlich liebten, oder ob Sie sich offen hingaben oder vielleicht sogar den Partner Ihr Verlangen spüren ließen.

Wie genau können Sie sich an Ihren ersten richtigen Geschlechtsverkehr erinnern? Wer war der Mensch, vor dem Sie sich zum erstenmal auszogen und mit dessen Körper Sie verschmolzen? Lassen Sie sich Zeit, um die unterschiedliche emotionale Leidenschaftlichkeit wieder zu durchleben, die sie vor, während und nach dem Geschlechtsverkehr empfanden. Erinnern Sie sich so lebhaft wie möglich, wie Sie sich in dem Augenblick fühlten, als Sie Ihre Jungfräulichkeit verloren, und erinnern Sie sich besonders daran, wie Ihnen danach zumute war.

Partner kommen und gehen

Wie viele andere Partner haben Sie nach Ihrem ersten noch gehabt, mit denen Sie eine kostbare sexuelle Vertrautheit teilten? Ich kenne Menschen, die in ihrem ganzen Leben mit niemand anderem geschlafen haben als mit dem Ehepartner. Und ich kenne welche, die behaupten, schon mit vierundzwanzig zahllose Bettgenossen gehabt zu haben.

Es ist eine wissenschaftlich belegte Beobachtung, daß die

ersten intimen Beziehungen meist auch einen therapeutischen Effekt haben. Wenn wir als junge Erwachsene das Elternhaus verlassen, um die Welt zu erobern, nehmen wir in unserem Gepäck meist auch eine ganze Reihe von Hemmungen und Komplexen mit. Das ist ganz normal.

Ein wichtiger Punkt in diesem Entwicklungsstadium ist tatsächlich unser Bemühen, die Verspannungen, Feindseligkeiten, Gefühle des Grolls, des Verlusts, des Verletzt- und Mißbrauchtwordenseins, die wir seit unserer Kindheit mit uns herumtragen, aufzulösen. Als junge Erwachsene sind wir alle mehr oder weniger neurotisch, weil unser Verhalten halb aus ehrlichen, spontanen Antworten auf den Augenblick besteht und halb aus verzerrten unbewußten Reaktionen, die wir als Kinder eingebleut bekamen. Erwachsen und reif zu werden bedeutet, diese vorhandenen Traumata aus der Kindheit aufzulösen, bittere Gefühle loszulassen, verdrängte Emotionen auszuagieren und in das unabhängige Leben eines Erwachsenen einzutreten.

Jede neue Liebesbeziehung ist, wenn man sie vorurteilslos betrachtet, ein Lernprozeß. Auch die Beziehungen, die mit einer Katastrophe enden, sind wichtige Lektionen für uns. Wenn wir die jeweilige Lektion lernen, entwickeln wir uns weiter. Lernen wir sie nicht, neigen wir dazu, bei unserer nächsten Beziehung die gleichen Verhaltensmuster zu wiederholen. In einem alten Sufi-Spruch heißt es, daß «jeder neue Augenblick mit der ganzen Weisheit, die er uns zu bieten hat, unser Lehrer ist. Und jeder von uns wird so lange immer wieder mit dem Knüppel auf den Kopf geschlagen, bis er die anstehende Lektion gelernt hat.»

In diesem Licht betrachtet, möchte ich Sie bitten, in den kommenden Wochen und Monaten aus einer neuen Perspektive auf Ihre vergangenen Liebesbeziehungen zurückzublikken. Denken Sie darüber nach, was Sie von jedem Menschen gelernt haben, mit dem Sie sexuell vertraut waren. Statt sich nur mit den anregenden Erinnerungen an sexuelle Begegnungen zu beschäftigen oder mit dem Trennungsschmerz, sollten Sie sich bemühen, die Kraft Ihrer Aufmerksamkeit bewußt auf die Lektionen zu lenken, die Ihr Herz durch frühere Partner empfing. So können Sie alte Wunden heilen und die Segnung jeder vergangenen sexuellen Begegnung erweitern.

Eine Heilmeditation für das Herz

An diesem Punkt möchte ich Ihnen eine ganz erstaunlich wirksame «Heilübung für Emotionen» nahebringen, die Sie regelmäßig absolvieren können. Als erstes nehmen Sie sich mindestens fünf, besser noch bis zu dreißig Minuten Zeit, und zwar möglichst jeden Tag, wenn es geht, morgens. Wählen Sie jeden Tag eine Reise in die Vergangenheit aus, wie ich sie in diesem Kapitel beschrieben habe, oder eine ähnliche, die Ihnen gerade in den Sinn kommt. Während jeder einzelnen Erinnerungssitzung richten Sie Ihre volle Aufmerksamkeit darauf, eine bestimmte Beziehung aus Ihrer Vergangenheit noch einmal zu durchleben und über sie nachzudenken. Die Hälfte der Sitzung verwenden Sie darauf, diese Erfahrung noch einmal ganz lebendig werden zu lassen, während der zweiten Hälfte denken Sie über die Lektion nach, die Ihnen diese Beziehung erteilt hat. Sie werden feststellen, daß diese Ausflüge in die Vergangenheit und das Nachdenken darüber fast sofort einen großen Heilungsprozeß im Hinblick auf Ihre gegenwärtigen Gefühls- und Verhaltensmuster in Gang setzen.

Es ist eine unumstößliche Tatsache, daß die zurückgebliebenen Spannungen, die Sie aufgrund gescheiterter Beziehungen in sich fühlen, auf direktem Weg Ihre Fähigkeit hemmen, sich hier und jetzt innerlich voll zu entfalten und zu lieben. Diese alten Wunden zu heilen ist deshalb sehr wichtig. Ebenso wird die Liebe zu früheren Partnern, an die Sie sich erinnern und die Sie geistig nochmals durchleben, sofort die Intensität Ihrer gegenwärtigen Liebesbeziehung positiv beeinflussen.

Vom therapeutischen Standpunkt aus betrachtet, trifft dies vor allem auf die Beziehung zu Ihrer Mutter oder Ihrem Vater zu. Sind Sie zum Beispiel eine Frau und tragen Haß und Groll auf Ihren Vater im Herzen, kann diese negative Energie Ihre augenblickliche Beziehung zu einem Mann vergiften. Und ebenso werden Sie, wenn Sie ein Mann sind und Feindseligkeit und Ablehnung für Ihre Mutter empfinden, weitgehend unfähig sein, der Frau in Ihrem gegenwärtigen Leben entspannt und offen zu begegnen.

Es ist deshalb wichtig, zurückzublicken und deutlich zu erkennen, was uns in einer vergangenen Beziehung gefehlt hat. Sonst versuchen wir weiter, in unseren Beziehungen als Erwachsene Kindheitsbedürfnisse zu befriedigen. Doch dafür ist es ein für alle Male zu spät. Wir müssen also die Unvollkommenheit unserer Eltern und Freunde der Kinderzeit akzeptieren. Wenn möglich, sollten wir auch allen anderen Menschen aus unserer Vergangenheit, die damals unseren Bedürfnissen nicht entsprechen konnten, vollkommen verzeihen. Vor allem, was die Haltung den Eltern gegenüber angeht, schreibt Eva Pierrakos: «Betrachten Sie alle Ihre vergangenen Handlungen und Reaktionen mit neuem Verständnis und im Licht der neuen Einsichten, dann können Sie Ihre Eltern loslassen. Sie haben nicht mehr länger das Bedürfnis, so geliebt zu werden, wie Sie als Kind geliebt werden wollten. Und da Sie jetzt kein Kind mehr sind, werden Sie die Liebe auf andere Weise suchen – indem Sie sie geben, statt sie zu erwarten.»

Das ist die große Veränderung, die in uns geschieht, wenn wir genügend intime Beziehungen durchgearbeitet und uns von unseren Kindheitskomplexen befreit haben. Wir hören auf, uns wie Kinder zu benehmen, die nur Liebe fordern, und werden zu unabhängigen Erwachsenen, die auch bedingungslos Liebe geben können.

Genau an diesem Punkt beginnt im Leben eines Menschen der sexuelle Geschlechtsverkehr plötzlich auch ein geistiger Austausch zu werden. Wenn eine Beziehung nicht nur das erneute Ausagieren unserer kindlichen Bedürfnisse nach Liebe ist, können wir entspannen und den Fluß unserer Energien von nehmen, nehmen, nehmen umpolen auf geben, geben, nehmen, nehmen, geben, geben, geben!

Wenn wir Liebe geben, ohne dafür etwas zu erwarten, werden wir reine Kanäle der universellen Liebe, die das All erfüllt, wir beginnen sie zu empfangen und an die Welt um uns abzugeben. Wenn wir uns beim Geschlechtsakt dem Höhepunkt nähern, wird diese universelle Liebe plötzlich für eine kurze Zeitspanne millionenfach erweitert und reinigt unsere Seele mit jeder tief empfundenen sexuellen Begegnung immer mehr.

In diesem herrlichen Augenblick wird eine sexuelle Begegnung, statt nur heilend zu sein, transzendiert. Endlich kämpfen wir nicht länger damit, alte Probleme unseres Gefühlslebens zu überwinden. Wir sind jetzt vielmehr frei, eine völlig andere Dimension des Lebens und der Liebe zu erkunden – eine geistige Dimension, die keine Grenzen kennt, die die unendliche Ekstase einschließt, uns Erkenntnisse über unsere irdische Situation schenkt und uns neue geistige Bereiche erschließt.

Seltsamerweise sprechen Paare, die diese transzendente Qualität der Liebe kennen, häufig davon, daß sie jedesmal, wenn sie sich lieben, das Gefühl haben, es sei das erstemal. Der Eindruck, jungfräulich zu sein, erhält auf dieser Ebene eine mystische Qualität. Wenn wir zusammenkommen und unsere Gedanken und Erwartungen, Erinnerungen und Projektionen loslassen, verlieren wir unseren chronischen Sinn für lineare Zeit und tauchen ein in das, was die Quantenmechanik und die neue Physik als nichtlineare Zeit bezeichnen, wo die Gegenwart ewig und immer neu ist.

«Ich brauche im Leben heute nur noch eines», erzählte mir kürzlich ein Freund, der seine Frau sehr liebt. «Wenn ich liebe, soll es so sein, als täte ich es zum erstenmal. Bei Tanja habe ich das Gefühl, und deshalb verstehen wir uns auch so gut. Wir haben herausgefunden, daß die Anziehungskraft stärker erhalten bleibt, wenn wir die meiste Zeit getrennt schlafen und uns nicht durch zuviel Nähe verausgaben. Und wenn wir dann zusammenkommen, ist es jedesmal wieder wie neu. Wir haben zusammen irgend etwas entdeckt – es ist schwierig, das zu beschreiben. Bei ihr kann ich einfach so sein, wie ich bin, und ich gehöre zu den Menschen, die ‹vorher› immer etwas schüchtern sind, auch wenn ich mit derselben Frau schon hundertmal ins Bett gegangen bin, und ungefähr so oft haben Tanja und ich schon miteinander geschlafen. Letzte Woche haben wir aus Spaß einmal nachgezählt. Wir sprachen darüber, daß wir beide das gleiche empfinden, wenn wir uns jedesmal Zeit lassen und im Bett in ein wirkliches Gefühl der Ruhe versinken können, daß es dann jedesmal so ist, als wäre das das erstemal. Es ist genauso wie das, was du eben die geistige Seite des Geschlechtsverkehrs nanntest. Es gibt so etwas, ganz bestimmt, und ich weiß nicht, was ich tun würde, wenn ich nicht Tanja hätte, mit der ich es gemeinsam erleben kann. Es ist ein erstaunliches Gefühl, sich anfangs wie ein junges Liebespaar vorzukommen und dann im Laufe des Abends völlig im anderen aufzugehen.»

Ich möchte Ihnen jetzt wieder Zeit und Raum lassen, entspannt zurückzublicken und über eine vergangene Liebesbeziehung nachzudenken, die Ihnen in den Sinn kommt, und zwar hinsichtlich jenes gemeinsamen Gefühls, daß es das erstemal sei. Achten Sie auf Ihren Atem, auf das Schlagen

Ihres Herzens, auf Ihre Gefühle, und gehen Sie auf eine Reise in die Vergangenheit, um die Tiefen einer geistigen Leidenschaft erneut zu erleben, die Sie beim Liebesakt erfahren haben.

2
Ungezügelte Sexualität

Als Angela die Schule besuchte, ging sie gern aus, trank auch Bier oder Wein mit ihren Freunden und wurde dann manchmal so locker, daß einer der Jungen sie küssen und anfassen durfte. Von Natur aus war sie eher schüchtern, doch der Alkohol schien sie zu enthemmen. Später, auf dem College, verliebte sie sich in einen wilden Burschen, der zwei Klassen über ihr war. Er spielte Baseball und trank gern Scotch. Angela verlor ihre Jungfräulichkeit, bekam dies jedoch kaum mit, da sie zu betrunken war. Später dann begann sie Marihuana zu rauchen, weil das die Intensität der sinnlichen Gefühle noch steigerte. Als sie ihre Ausbildung beendet hatte und zu arbeiten anfing, wurde sie von einer Gruppe von Freunden dazu verleitet, ein paarmal in der Woche Kokain zu nehmen, damit ihre sozialen und sexuellen Kontakte noch mehr Schwung bekamen.

Drogen wie Alkohol, Marihuana und Kokain scheinen uns über unsere Hemmungen hinwegzuhelfen, unsere sexuellen Gefühle zu stimulieren und unsere Hingabefähigkeit zu steigern. Warum also nicht einen Schluck trinken, ein paar Züge rauchen oder ein wenig schnüffeln, ehe man sich auf sexuelle Intimitäten einläßt?

Man sollte deswegen darauf verzichten, weil es eine Tatsache ist, daß der ständige Gebrauch von Drogen irgendwelcher Art unserer Fähigkeit, während des Liebesaktes geistig zu kommunizieren, ernsthaft schadet und sie nicht etwa verstärkt. Drogen können manchmal für eine uns atemberaubende sexuelle Erfahrung sorgen, weil wir dann Dinge tun, die wir gewöhnlich nicht riskieren, da wir zu gehemmt sind. Aber wenn wir die Wirkung der Drogen genauer betrachten, erkennen wir, daß sie unsere Sensibilität beeinträchtigen. Wir sind uns weniger bewußt, was wir tun, und schalten Teile unseres Verstandes aus, um blind in eine sexuelle Begegnung eintauchen und alles vergessen zu können.

Wenn der Gebrauch von Drogen beim Intimverkehr zur Gewohnheit wird, ist nach meinen Beobachtungen und denen vieler Kollegen ein geistiger Austausch fast nicht mehr möglich. Paare, die irgendwas nehmen, damit ihre Gefühle füreinander leidenschaftlicher werden, erleben immer wieder, wie ihre Beziehung allmählich dahinwelkt und jeder innige Herzenskontakt erstirbt.

Angela suchte mich auf, ohne ihrem Freund zu sagen, daß sie die Absicht hatte, wegen ihres Drogenproblems einen Rat einzuholen. Ich arbeitete bereits mit einer ihrer Freundinnen, die ganz ähnliche Probleme hatte. Angela unterhielt sich mit ihr über dieses Thema und stellte im Alter von siebenundzwanzig schließlich fest, daß das Leben wie in einem Nebel an ihr vorüberzog. Sie gestand sich ein, daß sie gern zur Ruhe kommen und eine dauerhafte Bindung eingehen würde, von der sie immer geträumt hatte, die ihr aber nie gelungen war. Vielleicht würde sie sogar Kinder haben.

«Ich habe immer wieder versucht, von den Drogen wegzukommen, aber jedesmal wurde ich wieder rückfällig», erzählte sie mir während unserer ersten Sitzung. «Ich bin nicht süchtig. Wenn ich allein bin, nehme ich fast nie etwas, nur zusammen mit anderen, und besonders, wenn es um Sex geht. Ich habe Angst, das ist alles. Und Drogen helfen mir über dieses Gefühl der Unsicherheit und den Drang, am liebsten fortzulaufen, hinweg.»

Ich fragte sie, ob sie einmal einen Freund gehabt habe, der keine Drogen genommen hat. Sie überlegte einen Augenblick. «Zweimal», sagte sie dann.

«Und was geschah da?»

«Es kam nie die richtige Stimmung auf. Ich wollte ein paar Gläser Wein trinken und ein bißchen beschwipst werden, und ich vermute, sie mochten ein Mädchen, das so etwas tat, nicht besonders. Ich finde, es führt zu nichts, wenn der eine trinkt und der andere nicht.»

In den meisten Fällen stimmt das. Menschen, die etwas mehr getrunken oder Drogen genommen haben, sind gewöhnlich ein wenig schwerfälliger und unsensibler und nicht ganz anwesend, und das stört den, dessen Bewußtsein nicht getrübt ist und der sich nach einem echten vertrauten Kontakt sehnt. Natürlich kann man dieselbe Situation auch vom Standpunkt der Person betrachten, die etwas getrunken oder genommen hat. Sie wird den Eindruck haben, daß der Nüchterne gehemmt ist, nicht locker genug und vielleicht auch zu viele Vorurteile hat.

Doch ist es eine Tatsache, und wir müssen ihr ins Auge blicken, daß das Wagnis einer sexuellen Begegnung immer gewisse Hemmungen und Ängste erzeugt. Sogar bei guten, langen Beziehungen ist es normal, eine gewisse Scheu zu empfinden, wenn man sich dem Partner nähert. Der Mensch ist seiner Natur nach und infolge kultureller Einflüsse, was seine sexuellen Gefühle und Kontakte betrifft, schüchtern. Und das ist keineswegs negativ zu sehen.

Krishnamurti betonte wiederholt, daß wir unser Gefühl der Verschämtheit stärken sollten, weil es unsere beste emotionale Qualität sei. «Menschen, die keine Scheu kennen, vermögen die wahre Tiefe des Lebens nicht zu erfahren», sagte er einmal.

Ebenso, wie wir unser Haupt vor einer Gottheit neigen, sollten wir ganz natürlich auch Ehrfurcht und Respekt angesichts unserer eigenen grenzenlosen sexuellen Kraft empfinden, und auch angesichts der Sexualität unseres Partners. Es gibt nichts Heiligeres als die Vereinigung zweier Körper im Liebesakt. Deshalb scheint Verschämtheit oder Scheu das richtige Gefühl zu sein, wenn eine neue sexuelle Beziehung beginnt.

Familie, Gemeinschaft und Kirche neigen allerdings dazu, die natürliche Scheu eines Kindes in ausgewachsene Angst vor allem Sexuellen zu verwandeln.

«Meine Mutter konnte es stets schlecht verbergen, wenn sie scharf auf meinen Vater war. Wenn ich jetzt zurückschaue und mich erinnere, denke ich, daß sie wohl eine sehr leidenschaftliche Frau war», erzählte mir Angela während einer späteren Sitzung. «Aber sie war auch religiös, und mein Vater war sogar übertrieben religiös. Deshalb hatten sie beide immer ein schlechtes Gewissen, wenn sie Lust aufeinander bekamen. Als ich ungefähr zehn war, kam ich eines Abends nach unten und stolperte über die beiden. Sie waren nackt, und mein Vater lag auf meiner Mutter. Meine Mutter schrie, als sie sah, wie ich dastand und sie anstarrte, und ich lief wieder nach oben. Über diesen Vorfall wurde nie gesprochen, aber er hinterließ in mir eine große Angst vor Sex. Als ich heranwuchs und mich für Jungen zu interessieren begann, brauchte ich lange und mußte auch ein paar Gläser trinken, ehe mich ein Junge berühren durfte. Ich bin wie meine Mutter, ich fühle viel Leidenschaft in mir und brauche Sex. Doch es ist mir fast immer unmöglich, zu entspannen und mich gehenzulassen, wenn ich nichts getrunken oder genommen habe, das mir über meine Hemmungen hinweghilft.»

Wie Angela wurden wir alle vom Sexualverhalten und den Sexualgewohnheiten der Eltern beeinflußt. Blicken Sie kurz zurück, und stellen Sie sich Ihre Eltern als Liebespaar vor. Waren sie offen und herzlich und zeigten auch vor Ihnen, daß sie sich körperlich zueinander hingezogen fühlten, oder hatten sie Angst und schämten sich ihrer Sexualität und versteckten sie vor Ihnen?

Entspannen Sie sich. Beobachten Sie, welche Bilder in Ihnen lebendig werden, während Sie in Ihrer Erinnerung einen entsprechenden Ausflug in Ihre Kindheit machen.

Sex ohne Tabus

Es ist wichtig, nicht zu vergessen, daß unsere sexuelle Identität keine angeborene Qualität ist. Bis zur Pubertät sind wir eifrig damit beschäftigt, ein Gefühl dafür zu entwickeln, wer wir sind, und dieses Gefühl besitzt keinerlei bewußte sexuelle Dimension. Unsere Persönlichkeit bildet sich heraus, unser Ego strukturiert sich, die Sicht von uns selbst verfestigt sich in unserem jungen Geist – und dann werden wir plötzlich, wie aus dem Nichts, etwa im Alter von zwölf, von drängenden sexuellen Gefühlen und einer heftigen physiologischen Veränderung überrascht, die unserem bereits etablierten Selbstgefühl völlig fremd sind.

Die Pubertät ist zweifellos *das* psychophysische Grenzerlebnis im Leben eines Menschen. Und doch fehlt in unserer Kultur ein institutionalisiertes Übergangsritual fast völlig, das den Jugendlichen helfen könnte, ihren inneren pubertären Stürmen erfolgreich zu trotzen.

Die meisten Naturvölker dagegen banden diesen Reifeprozeß bewußt in das gesellschaftliche Leben ein. Durch die Teilnahme an bestimmten physikalischen und geistigen Pubertätsritualen erhielten die Jugendlichen jene Unterstützung und gesellschaftliche Anerkennung, die sie brauchten, um als reife Erwachsene und Mitglieder einer Gemeinschaft ein neues solides Identitätsgefühl zu entwickeln.

Unsere Kinder werden auf eine vage, verstohlene Art erwachsen. Es wird nicht als gesellschaftlich bedeutungsvoll angesehen, wenn ein Mädchen seine Tage bekommt oder ein Junge zu ejakulieren beginnt. Es gibt nicht mehr den geringsten Hinweis darauf, daß diese wichtige neue Entwicklung im Leben eines Jugendlichen von spiritueller Bedeutung ist. Die nun gegebene Fruchtbarkeit des angehenden Erwachsenen und damit seine Fähigkeit, die nächste Generation zu zeugen, erhält durch die Gemeinschaft fast keine Anerkennung oder Anleitung.

Derart im Stich gelassen, versucht der Teenager die innere sexuelle Explosion und Verwirrung herunterzuspielen. Und da ihm eine ehrliche, hilfreiche Führung durch Kirche oder Familie fehlt, ist der Jugendliche auf der Suche nach Unterstützung gezwungen, sich an die Medien zu halten, obwohl diesen jegliches geistige Gefühl für die wahre Natur des sexuellen Erwachens fehlt.

Teenager wenden sich natürlich auch einander zu, um herauszufinden, wie ihre sexuellen Energien in ihr Selbstgefühl zu integrieren sind. Sexgeschichten kursieren in der Schule, die richtige oder falsche Aufklärung findet durch Gerüchte, schmutzige Witze, Pornofotos und Getuschel untereinander statt.

Doch trotz aller verzerrten Darstellungen und trotz des gesellschaftlichen Desinteresses an sexuellen Übergangsriten besitzt der jugendliche Geist nach wie vor gewisse Ursehnsüchte. Jede neue Generation entdeckt auf ihre Weise, daß im Zentrum der erwachenden sexuellen Leidenschaft das bleibende Geheimnis einer geistigen Identität zu finden ist. Ganz gleich, wie schreiend die Pornohefte locken, wie langweilig und nüchtern der Sexualkundeunterricht daherkommt, wie groß der Einfluß enthemmender Drogen oder hemmender religiöser Doktrinen auch ist – jeder junge Mensch spürt tief in sich, daß in seinem sexuellen Erwachen ein leuchtendes, explosives, unendliches Gefühl der Verheißung liegt: das Tor zum Paradies.

Sie machten Ihre eigene einzigartige Verwandlung durch, als Sie die Sexualität entdeckten. Wenn Sie ein Junge waren, wurden Sie sicherlich von pubertären Ängsten verfolgt wie der, eine Erektion zu bekommen, die jemand in Ihrer Umgebung bemerken würde, zum Beispiel in der Klasse, wenn der Anblick eines Mädchenkörpers in der Bank vor Ihnen Sie erregte. Die traurige Tatsache ist, daß Sie, statt auf Ihre Männlichkeit stolz sein zu dürfen, stolz auf Ihre Kraft, dazu gebracht wurden, Angst davor zu haben, jemand könnte bemerken, daß Sie ein Mann geworden waren. Sie glaubten, es sei etwas Ungehöriges, Schmutziges, Sündhaftes an Ihrer völlig natürlichen Gabe, eine Erektion zu bekommen. Und diese negative Konditionierung hinsichtlich Ihrer sexuellen Potenz rief alle möglichen Hemmungen in Ihnen wach – bis Sie irgendwann entdeckten, daß Sie diesen Hemmungen mit ein paar Gläsern Wein oder ein paar Zügen Marihuana erfolgreich begegnen konnten.

Wenn Sie ein Mädchen waren, war die Lage manchmal sogar noch schlimmer und verwirrender. Ich kenne Mädchen, die versuchten so zu tun, als sei die Geschlechtsreife keine große Sache, als hätten sie keine Angst davor. Es ist heute in, sich cool zu geben. Und natürlich gibt es in unserer Zeit auch junge Mädchen, die Eltern mit einer positiven und offenen Einstellung zum Sex haben, und so erleben manche Kinder die Pubertät, ohne auf ihre erwachende Sexualität zu verklemmt zu reagieren.

Dennoch, die meisten Mädchen schämen sich ihrer Nacktheit, sobald sie in die Pubertät kommen. Und diese plötzliche Scham, dieses unerwartete Gewahrwerden ihrer sexuellen Präsenz, ist die Quelle aller späteren romantischen und intimen Gefühle.

Welche Erinnerungen tauchen in Ihnen auf, während Sie

auf Ihre eigene Verschämtheit als junger Mensch zurückblicken? Erinnern Sie sich an das natürliche Hochgefühl, das durch die biochemischen Impulse Ihres Sexualhormons erzeugt wurde.

Der Jäger und der Gejagte

Als nach der Pubertät Ihre sexuellen Energien dominierten, wurden Sie zu einem weiteren Teilnehmer an der ewigen Jagd nach einem Sexualpartner, die Mensch und Tier gleichermaßen bestimmt. Schon die Art der sexuellen Paarung wurzelt im Geist der Jagd. Traditionell wurde die Jagd höchst einseitig gesehen – das angeblich schwache junge Mädchen wurde vom kraftvollen männlichen Krieger zur Strecke gebracht. In der Praxis von heute ist es aber so, daß beide Seiten zugleich Jäger und Gejagte sind.

«Schon allein den Schulkorridor entlangzugehen, war ein schreckliches Gefühl», erzählte mir Angela einmal. «Ich konnte Blicke in meinem Rücken spüren, und wenn ich mich umdrehte, ging ein Junge hinter mir, der mich betrachtete. Alle waren auf der Jagd nach jemandem, um ihren Traum von der echten Liebe wahr zu machen. Darum dreht sich auf der High-School alles. Und eigentlich dreht sich auch im Leben alles nur darum.»

Ungefähr im Alter von fünfzehn hatte Angela gelernt, mit der Situation in der Schule erfolgreich umzugehen. Sie entdeckte sogar, daß sie, weil sie ziemlich hübsch war, bestimmte Jungen verlegen machen konnte, indem sie sie verwirrte und reizte. Das machte ihr Spaß.

Aber nach der Schule und an den Wochenenden entwickelten sich die Dinge weiter, das Flirten wurde ernsthafter und die Jungen leidenschaftlicher und drängender. «Anfangs pflegte ich ihnen die kalte Schulter zu zeigen und sie so schnell wie möglich abzuwimmeln», gestand sie. «Doch eigentlich war es gar nicht das, was ich wollte. Dann entdeckte ich, daß Bier die Situation verändern konnte. Ich brauchte nur eine Flasche zu trinken, und alles wurde anders. Die Wirklichkeit veränderte sich so, daß ich mich absolut großartig fühlte. Ich erinnere mich noch immer an diese ersten Partys, die völlig verrückt waren und auf denen wir uns herrlich amüsierten. Ich ging immer ganz nervös und verklemmt hin, aber irgend jemand hatte jedesmal ein paar Flaschen Bier dabei, und die Jungen wußten, daß sie mit mir viel Spaß hatten, wenn wir ein bißchen tranken. So fing alles an. Und es ist mir nie gelungen, die Lawine aufzuhalten. Ich habe noch immer Angst davor, mit jemandem ins Bett zu gehen, wenn ich nicht irgend etwas getrunken oder genommen habe. Ich habe Angst, ich würde überhaupt nicht erregt sein.»

Unsere natürliche sexuelle Reaktion ist eine Frage der genetischen Programmierung, die uns zum Geschlechtsverkehr treibt. Das Überleben unserer Art hängt schließlich davon ab. Jede Tierart besitzt diesen Instinkt, der das Männchen veranlaßt, das Weibchen zu jagen, oder umgekehrt. Diese Jagd auf einen Sexualpartner hat sich auch in unserer angeblich so zivilisierten Gesellschaft nicht geändert.

Was waren Sie gewöhnlich beim Zustandekommen einer sexuellen Beziehung – Jäger oder Gejagter? Wollten Sie lieber Ihre eigene Wahl treffen und aktiv Ihrem Jagdtrieb folgen, um den Partner zu bekommen, den Sie wollten, oder fühlten Sie sich wohler in der Rolle des Gejagten, Lockenden, der den sexuellen Jagdinstinkt des anderen stimulierte?

Und was Ihre heutige Beziehung betrifft – spielen Sie noch immer Jäger oder Gejagter oder haben Sie sich bereits tiefere Bereiche des Kontakts erschlossen?

Verhütungsmethoden

Da die menschliche Art heutzutage ja wohl kaum vom Aussterben bedroht ist, stehen wir auch nicht mehr unter dem Druck, alle zwei Jahre ein Kind in die Welt zu setzen, um das Gefühl zu haben, unsere bevölkerungspolitische Pflicht zu erfüllen.

Deshalb ist die Frage der Empfängnisverhütung bei einer heterosexuellen Liebesbeziehung eines der zentralen Themen geworden. Der natürlichste Weg ist das Messen der Basaltemperatur und die Beobachtung der vaginalen Schleimabsonderung bei der Frau, um den Eisprung und damit die Phase der Fruchtbarkeit zu ermitteln. Diese Methode ist vielleicht die idealste, aber in Zeiten von emotionalen Störungen und Streß höchst unzuverlässig. Intrauterine Empfängnisverhütungsmittel haben sich für viele Frauen als gefährlich und für manche sogar als tödlich erwiesen. Bei neuen Wunderpillen, die den Mann steril machen sollen, ist die Frage der Gesundheitsschädigung noch nicht geklärt, ebenso wie bei den «Morgen danach»-Tabletten für die Frau. Das Abbinden der Eileiter ist eine weitere Möglichkeit, aber bei Paaren, die später noch ein Kind haben wollen, nur bedingt zu empfehlen.

Bleiben also die Pille, das Kondom und das Diaphragma. Ich möchte mich mit diesen drei Möglichkeiten der Empfängnisverhütung nur in einem Zusammenhang beschäftigen: Wie beeinflussen sie die geistige Intimität beim Sexualverkehr?

Beim Geschlechtsverkehr stören Pille und Diaphragma die Intimität weniger als das Kondom, da das Anlegen des Kondoms die Spontaneität des Liebesaktes unterbricht. Das Kondom ist ganz offensichtlich auch eine physische Barriere zwischen Mann und Frau, ein künstlich hinzugefügtes Element, das den direkten Kontakt der primären Geschlechtsteile verhindert. Damit soll nicht gesagt werden, daß Kondome den geistigen Austausch blockieren, aber sie erschweren ihn auf bestimmten Ebenen. Um Schutz vor möglichen Infektionen durch Geschlechtsverkehr zu haben, ist natürlich ein Kondom empfehlenswert.

Auf den ersten Blick scheint die Pille das ideale Verhütungsmittel zu sein. Die Frau schluckt am Morgen eine kleine Tablette, und damit hat sich's, keine Umstände, keine Probleme – die vollkommene medizinische Lösung. Allerdings bringt sie bei manchen Frauen deren biochemischen und emotionalen Haushalt durcheinander, oder es treten andere unerwünschte Nebenwirkungen auf.

Ich möchte hier nicht von den angeblichen oder wirklichen medizinischen Gefahren der Pille sprechen, da ich annehme, daß Sie darüber durch die Medien unterrichtet sind. Was uns hier beschäftigt, ist die Art, wie eine Frau die Verbindung zu ihrer natürlichen weiblichen Identität und zu ihren zyklischen Energien der Fortpflanzung verliert. Wenn sie die Pille schluckt, ist sie im Grunde genommen immer schwanger, sowohl physiologisch als auch emotional betrachtet. Der monatliche Eisprung findet nicht statt. Die Frau spürt nicht, daß sie einmal im Monat fruchtbar ist, spürt nicht die kraftvolle Möglichkeit, schwanger zu werden.

«Ich erinnere mich, daß ich, als ich die Pille nahm, immer wie in einem Vakuum lebte», erzählte mir eine frühere Klientin kürzlich. «Mit sechzehn fing ich damit an. Meine Mutter dachte, sie täte mir mit ihrer Aufgeschlossenheit einen Gefallen. Und ich nahm die Pille elf Jahre lang, ehe ich erkannte, was ich mir damit antat. Dann, als ich sie absetzte – was für ein Unterschied in meinem Leben! Ich spürte, wie ich lebendig wurde, zuerst natürlich langsam, aber nach sechs Monaten fühlte ich mich zum erstenmal ganz als Frau, als hätte die Pille mich daran gehindert zu entdecken, was Sex wirklich ist. Jetzt bin ich mir meiner Kraft bewußt, der

Möglichkeit, schwanger zu werden, wenn ich das will – ich bin eine richtige Frau! Und jeden Monat erlebe ich so viele wichtige emotionale Veränderungen. Wie aufregend es ist zu spüren, daß man für den Eisprung bereit ist, und den Tag zu erkennen, an dem man definitiv fruchtbar ist. Das läßt das Liebeserlebnis immer wieder als etwas Neues erscheinen.»

Ich weiß, daß vermutlich viele von Ihnen, die dieses Buch lesen, die Pille nehmen. Ich sage daher nur ungern, was ich zu sagen habe, weil es eine sehr private Entscheidung ist, ob man sie schluckt oder nicht. Viele Frauen haben keine emotionalen Beeinträchtigungen durch die Pille – oder überwinden sie – und können sehr wohl einen intensiven geistigen Austausch mit ihrem Partner haben.

Aber ich fühle mich auch verpflichtet, meine Sicht der Dinge darzulegen, wie sie sich mir im Laufe der Jahre aufgrund meiner zahlreichen Klientinnen herauskristallisiert hat. Zu einem gewissen Zeitpunkt versuchen die meisten Frauen, die in ihrem Sexualleben eine neue tiefe Vertrautheit erreichen wollen, die Pille abzusetzen und eine andere Form der Verhütung anzuwenden, um festzustellen, ob es da wirklich einen signifikanten Unterschied gibt.

Meine Beobachtungen haben ergeben, daß vor allem im Hinblick auf das geistige Erwachen beim Geschlechtsverkehr die meisten Frauen schließlich das Diaphragma anderer Verhütungsmethoden vorziehen, wenn sie einmal gelernt haben, es so einzusetzen, daß eine Empfängnisverhütung weitestgehend gesichert ist. Es hat gegenüber der Pille den offensichtlichen Vorteil, daß es die emotionale und physiologische Verfassung einer Frau nicht beeinflußt. Und im Gegensatz zum Kondom kann es Stunden vor einer sexuellen Begegnung angebracht und danach beim Geschlechtsverkehr völlig vergessen werden.

Insbesondere dann, wenn man das Diaphragma in Verbindung mit der Methode der natürlichen Verhütung anwendet, ist es relativ zuverlässig. Die meisten Frauen, die ich kenne, benützen es sogar ständig, außer während der Menstruation. Sich über eine mögliche unerwünschte Schwangerschaft Gedanken zu machen, ist jedenfalls eine der sichersten Methoden, eine sexuelle Begegnung unbefriedigend zu machen.

Der beste Weg für eine Frau aber ist immer noch der, ihren Körper durch die Methode der natürlichen Verhütung kennenzulernen. Dann kann sie fast immer feststellen, wenn der Eisprung stattfindet, und sich an dem einen Tag, an dem sie wahrscheinlich schwanger werden würde, des Geschlechtsverkehrs enthalten. Dieser bestimmte Tag wird von den meisten Frauen sowohl geistig als auch sexuell als sehr kraftvoll erfahren.

Eine weitere Komponente einer erfolgreichen Verhütung durch das Diaphragma ist folgende: eine klare, ehrliche Einschätzung seitens des Mannes und seitens der Frau bezüglich ihrer wahren Gefühle gegenüber einer Schwangerschaft. Eine Frau, die sich unbewußt nach einem Kind sehnt, sich aber bewußt diesen Wunsch nicht eingesteht, wird häufig Möglichkeiten finden, ihr Verhütungsprogramm unbewußt zu unterlaufen. Auch hier ist wieder die klare Selbsteinschätzung das Wesentliche, der Schlüssel zu einer erfolgreichen Empfängnisverhütung wie auch zu geistiger Erweiterung. Das Diaphragma ist ein ausgezeichnetes, zuverlässiges Hilfsmittel, solange die eindeutige Absicht besteht, sich zu lieben, ohne ein Kind zeugen zu wollen.

Ejakulationskontrolle durch Kundalini-Yoga

In den alten Traditionen der yogischen und tantrischen Meditation in Indien und Tibet und auch als Erbe des

Taoismus in China gibt es für Männer eine wirksame sexuelle Übung, bei der der Samenerguß kontrolliert und verhindert wird, daß auch nur ein Samentropfen an der Spitze des Penis austritt. Wie Mantak Chia, einer der modernen Meister dieser Technik, in seinem Buch *Tao der Liebe* ausführt, «ejakuliert der Durchschnittsmann in seinem Leben fünftausendmal, das entspricht ungefähr achtzehn Litern Flüssigkeit. Diese Menge Samen genügt, um eine Billion weibliche Eier zu befruchten.»

Die Energie, die zur Erschaffung einer einzigen Spermazelle benötigt wird, ist beträchtlich. Mantak Chia schätzt, daß jeder sexuell aktive Mann fast ein Drittel seiner Lebensenergie verbraucht, um ständig die dreihundert Millionen Spermatozoen zu produzieren, die bei jeder Ejakulation freigesetzt werden. Von einem spirituellen Standpunkt aus betrachtet, ist es daher höchst ratsam, daß ein Mann lernt, weniger oft zu ejakulieren, sich zurückzuhalten und die Energien, die dadurch gespart werden, in Richtungen umzulenken, die das geistige Erwachen direkt stimulieren.

Ich werde jetzt nicht allen Männern raten, beim Liebesakt ihr Sperma zurückzuhalten, da dies eine sehr schwierige Kunst ist, allerdings auch ein geistig sehr lohnendes Unterfangen. Es ist deshalb auch nicht realistisch, diese Technik als neuen Durchbruch bei der Empfängnisverhütung zu betrachten.

Aber wie wir im folgenden mehr und mehr erkennen werden, trägt der Mann beim Liebesakt einen großen Teil der Verantwortung, weil er lernen muß, sich von seinen zwanghaften Selbstbefriedigungsmustern, die ihn auf rasche physische Erleichterung drängen lassen, freizumachen. Die spirituelle Sexualität dagegen verlangt eine Verschiebung der Aufmerksamkeit und Hingabe von der Erfahrung der Ejakulation hin zum Zustand vor der Ejakulation, wenn die sexuelle Ladung des menschlichen Nervensystems dazu verwendet werden kann, geistige Dimensionen des Kontakts zu aktivieren.

Blicken Sie jetzt einmal unter dem Aspekt der Empfängnisverhütung auf alle sexuellen Begegnungen zurück, die Sie je hatten. Wie waren Ihre eigenen Erfahrungen? Teilen Sie meine Ansicht, oder haben Ihre Erlebnisse ein anderes Ergebnis gebracht?

Drogen und Geschlechtsverkehr

Wir sollten jetzt kurz auf die verschiedenen Drogenarten eingehen, die in unserer Kultur genommen werden, und feststellen, welchen direkten Einfluß sie auf eine sexuelle Beziehung und die geistige Entfaltung haben. Meine Beobachtungen und auch das statistische Material, das mir vorliegt, können natürlich im Einzelfall völlig irrelevant sein. Seien Sie also nicht beunruhigt, wenn meine Einschätzung der Wirkung einer bestimmten chemischen Substanz von der Ihren abweicht.

Beschäftigen wir uns als erstes mit Kokain, das in den letzten Jahren ziemlich in war. «Mir gefällt es einfach, wenn meine Freundin meinen Penis damit ein wenig einreibt und mich dann mit den Lippen küßt. Es betäubt mich, und wir können es lange miteinander treiben; ich nehme mir Zeit, bis ich komme, und das gefällt mir. Das Zeug macht mich zum Champion», erzählte mir ein Mann. «Und wenn ich auf eine Party gehe und etwas nervös bin, wissen Sie, dann genügt ein kurzes Schnüffeln, und ich bin wieder voll da und der Größte. Verstehen Sie, ich mach das nicht ständig, ich weiß, es ist gefährlich und so. Aber es ist ein hervorragender Muntermacher, finden Sie nicht auch?»

Ich blieb gelassen und stritt mich nicht mit ihm, obwohl meine Meinung über Kokain, bestärkt durch die jahrelange Arbeit mit Hunderten von Klienten, die mit Kokain Probleme hatten, die ist, daß wir es hier nicht mit einem Muntermacher, sondern mit einem Kaputtmacher zu tun haben. Es betäubt nicht nur den Penis und die Lippen direkt, sondern auch das Herz. Menschen, die Kokain nehmen, werden immer weniger fähig, eine tiefe intime Beziehung einzugehen. Die Droge ist in dieser Hinsicht eine der wahren Tragödien unserer Zeit.

Das gleiche trifft auf alle anderen Aufputsch- und Beruhigungsmittel zu, die im Umlauf sind, entweder, weil Ärzte sie relativ schnell verschreiben, oder weil man sonst irgendwie drankommt. Quaaludes hielt man in den siebziger Jahren für ein phantastisches sexuelles Aufputschmittel, doch es hatte genau die entgegengesetzte Wirkung, wenn man es öfter nahm. Speed kann den Geschlechtsverkehr ebenfalls in einen wilden Taumel kurz vor dem Höhepunkt verwandeln. Aber die Erfahrung ist fast immer ohne lohnende geistige Obertöne.

Viele Menschen über fünfzig und ein kleinerer, aber signifikanter Teil unter fünfzig nehmen Schlaftabletten. Diese Medikamente zerstören, wie ich in *Gut schlafen* ausgeführt habe, den sexuellen Appetit und betäuben und verwirren die Sensibilität eines höheren Bewußtseins. Man sollte also Mittel gegen Schlaflosigkeit verwenden, die nichts mit Drogen zu tun haben, damit die Klarheit der geistigen Bewußtheit erhalten bleibt.

In den späten sechziger und in den siebziger Jahren wurden psychedelische Drogen als die ultimative sexuelle und geistige Erfahrung gelobt. Viele Leute hatten tatsächlich bemerkenswerte Erlebnisse, denn Substanzen wie LSD, Meskalin und Peyote dehnen das normale Bewußtsein in völlig neue Wahrnehmungsbereiche aus. Es besteht kein Zweifel, daß solche Mittel die Wirkung haben, den Angelpunkt des Bewußtseins in eine Region zu verlegen, die oft als geistig angesehen wird.

Die Wirklichkeit sieht allerdings so aus, daß die Energie, die durch die Einnahme derartiger Drogen vergeudet wird, geistige Reserven verbraucht, die andernfalls jahrelang sinnvoller verwendet werden könnten. Ich habe an den National Institutes of Mental Health entsprechende Forschungen betrieben und dieses Phänomen in den späten sechziger Jahren untersucht, wobei ich mit Personen arbeitete, die offenbar den gelegentlichen Gebrauch psychedelischer Mittel erfolgreich in ihre sexuellen Beziehungen integriert hatten – aber ich habe auch mit vielen Klienten gearbeitet, die vom Mißbrauch psychedelischer Drogen so ausgebrannt waren, daß sie, was ihre sexuellen und geistigen Kontaktmöglichkeiten betraf, Amputierten glichen.

Millionen von Menschen haben in den letzten zwei Jahrzehnten behauptet, daß Marihuana in kleinen Mengen die beste Droge für eine sexuelle Aufladung ist. Im Gegensatz zum *Playboy*, der behauptete, Haschisch mache impotent, haben religiöse Traditionen aus dem Mittleren Osten tatsächlich die Art gelobt, wie der gelegentliche Gebrauch von Cannabis den Energiefluß entlang des Rückgrats verstärken und die verschiedenen Energiezentren oder Chakras stimulieren kann, wodurch der Geschlechtsverkehr ganz erstaunlich kraftvoll wird.

Bei Marihuana wie auch bei anderen Drogen gibt es jedoch ein entscheidendes energetisches Problem, das häufig überhaupt nicht erwähnt wird. Wenn gewisse Bewußtseinsdimensionen durch eine Droge verstärkt werden, werden andere entsprechend unterdrückt. Diese Dynamik ist daher auch bei einem durch Drogen beeinflußten sexuellen und geistigen Erwachen immer vorhanden.

Bei Marihuana zum Beispiel beginnen die Hoden eines Mannes häufig schon kurz nach dem Rauchen zu brennen. Er wird manchmal zu einem Vulkan von einem Liebhaber und kann den Höhepunkt stundenlang hinauszögern. Aber das

Herzchakra, das emotionale Zentrum des Nervensystems, wird gewöhnlich durch einen solchen Sexrausch geschädigt. Fast immer gehen wichtige Bewußtseinsdimensionen dabei verloren.

Blicken Sie auf den vergangenen Monat zurück. Erinnern Sie sich, wie oft Sie etwas eingenommen haben, ganz gleich, was. Wie schätzen Sie die Wirkung dieser Mittel auf Ihr sexuelles und spirituelles Bewußtsein und Ihre Aktivität ein? Kehren Sie in der Erinnerung zu den Liebesbeziehungen zurück, die Sie in letzter Zeit gehabt haben, und stellen Sie fest, wie oft Sie im vergangenen Monat unter dem Einfluß irgendeines Mittels standen, statt Kopf und Herz frei zu haben. Denken Sie anschließend darüber nach, wie Sie weitermachen wollen und ob es nicht besser wäre, den Drogenkonsum bei Ihren sexuellen Begegnungen künftig zu verringern.

Alles mit Maß und mit Ziel

Es ist immer irgendwie beunruhigend, sich wirklich auf die emotionale und geistige Nacktheit einzulassen, die beim Geschlechtsverkehr ohne Drogen entsteht. Vielen von Ihnen ist dieses Problem natürlich unbekannt. Aber bei denen, die es kennen, kann die Angst, dem Partner ohne die Hilfe von Alkohol oder anderen Drogen begegnen zu müssen, ziemlich groß sein.

Eines jedoch sollten Sie bei allem, worum es in diesem Buch geht, nie vergessen: Sie haben jede Menge Zeit. Versuchen Sie also nicht, zu hastig etwas in Ihrem Leben zu ändern, wovon Sie glauben, daß es verändert werden müßte. Stecken Sie sich Ziele, die realistisch sind, immer eines nach dem anderen, und gehen Sie in einer Reihe von Schritten vor, die auch durchführbar ist. Und genießen Sie jeden dieser Schritte, denn schließlich gibt es ohnehin keinen absoluten Endpunkt, den es zu erreichen gilt.

Bei jeder der sieben Dimensionen, die wir untersuchen, schließt der Pfad des Wachstums und der Verwirklichung durch den Sexualkontakt mit ein, daß wir alte Gewohnheiten, Verhaltensmuster, Erinnerungen, Phantasien und ähnliches ablegen, damit wir die biologischen und geistigen Abläufe in uns intensiver spüren und die sexuelle Stimulation steigern. In diesem Kapitel haben wir es uns zum Ziel gesetzt, es zu schaffen, keine Drogen mehr zu nehmen, die der Vertrautheit schaden.

In den kommenden Wochen können Sie es als verantwortungsbewußter Erwachsener selbst übernehmen, ehrlich Ihre diesbezüglichen Gewohnheiten zu betrachten und allmählich ihre Abhängigkeit von Drogen zu reduzieren. Was wird dann geschehen? Hören wir, was Angela über ihren ersten Sexualkontakt ohne Drogen berichtet.

«Richard fragte mich sogar, ob mit mir etwas nicht stimme, weil ich gestern abend lieber eine Cola zum Essen trinken wollte als den üblichen Wein. Ich antwortete, daß alles in Ordnung sei und ich einfach keine Lust auf Alkohol hätte. Aber das hielt ihn nicht davon ab, selbst ein paar Gläser zu trinken. Ich war erstaunt, wie schwer es mir fiel, auf Alkohol zu verzichten. Als wir zu Hause waren, war ich anfangs entsetzlich nervös. Er war ein wenig gereizt und dachte, ich hätte etwas gegen ihn, weil ich auch keinen Joint mit ihm rauchte. Wir schliefen seit Monaten regelmäßig jedes Wochenende zusammen, es war schon so eine Art Ritual, und wir taten immer die gleichen Dinge. Ich hatte Angst vor dem, was passieren würde, und befolgte deshalb einfach den Rat, den Sie mir in der letzten Sitzung gegeben hatten. Ich zog mich aus, legte mich ins Bett, entspannte mich und dachte, daß es auch nicht schlimm wäre, wenn gar nichts passierte. Richard duschte, und ich schlief schon halb, als er ins Bett kam. Ich hatte einfach nur dagelegen, meinen Atem beobachtet und mir meinen Körper bewußt gemacht, wie Sie geraten hatten. Ich fühlte mich prächtig. Und als er sich zu mir legte, lief alles erstaunlich gut, abgesehen davon, daß er ein wenig brutal war – wie immer, aber diesmal war ich deswegen zuerst etwas beunruhigt. Dann entspannte ich mich und ließ es zu, daß er mich nahm, und es war – ich glaube, außergewöhnlich ist das richtige Wort dafür. Ich war ein völlig anderer Mensch, mein Körper schien mir kaum noch zu gehören, meine Haut war so sensibel, daß alles ganz herrlich war, was er mit mir tat. Aber er erreichte den Höhepunkt zu früh, und damit war der Fall für ihn erledigt, er rollte von mir runter und schlief gleich ein. Alkohol hat diese Wirkung auf ihn. Ich lag noch lange Zeit wach, dachte nach und erinnerte mich an dies und jenes, an Männer, mit denen ich früher mal zusammengewesen war, und ähnliche Sachen. Ich war stolz auf mich, weil ich mit einem Mann ins Bett gegangen war, ohne vorher etwas getrunken oder einen Joint geraucht zu haben. Aber ich fühlte mich Richard nicht nahe, und das beschäftigte mich. Zwischen uns stimmte etwas nicht, das erkannte ich jetzt deutlich. Er nimmt eine Menge Drogen, er hat auch viel Energie, aber er wird vorzeitig altern. Ich weiß nicht genau, ich habe das Gefühl, daß etwas Großes mit mir passiert, und ich muß es bis zum Ende durchstehen, egal was für Folgen es hat. Der erste Schritt ist sicherlich, daß ich weniger trinke und rauche oder sogar ganz damit aufhöre.»

Wenn Sie beginnen, Ihren Drogenkonsum zu reduzieren, werden Sie entdecken, daß es ein richtiges Abenteuer ist, sich den alten Gewohnheiten zu stellen und sich selbst in einem neuen Licht zu betrachten. Sie werden auch Ihren Partner anders sehen. Sie müssen lernen, diese neue Sichtweise anzunehmen und sie spontan auf Ihre Gefühle und Ihr Verhalten einwirken zu lassen.

Angela und ich hatten schon mehrere Sitzungen hinter uns, bevor sie bereit war, diesen Schritt zu tun, also Trinken und Rauchen vor dem Geschlechtsverkehr zu reduzieren. Sie werden wahrscheinlich dieses Buch zunächst einmal durchlesen, um einen Überblick darüber zu erhalten, welche neuen Möglichkeiten des Austauschs mit Ihrem Partner möglich sind, ehe Sie einzelne Vorschläge aus irgendeinem der Kapitel gezielt auf Ihr eigenes Liebesleben anwenden. Nur wenn diese Anregungen zu einem geschlossenen Ganzen zusammengefügt werden, können sie als integrierter Teil Ihrer Beziehung zu Ihrem Partner lebendig werden.

3
Vertraute Gespräche

Als er neunundzwanzig wurde, hatte Matt schon eine eigene Firma und wirkte nach außen hin, als sei er mit seinem Leben rundum zufrieden. Er war ein eloquenter Verkäufer und ein großer Frauenheld. Matt schien fast jede Frau kriegen zu können, die er wollte. Aber tief im Innern war er ein einsamer Mann. Er konnte zwar gut mit Menschen umgehen, aber er war nicht fähig, hinter seine Fassade schauen zu lassen und von Herzen mit jemandem zu sprechen. Das Ergebnis war, daß er ein Verhältnis nach dem anderen hatte, ohne je eine tiefere Vertrautheit zu erleben, nach der er sich doch so sehr sehnte.

Jede echte Herzensbeziehung bedarf als Fundament des ehrlichen verbalen Austauschs. Wenn es uns nicht gelingt, in der Unterhaltung mit jemandem ein Gefühl des Vertrauens aufzubauen, besteht wenig Chance, sexuelle Befriedigung zu erreichen, wenn die Kleider fallen und man verstummt. Wie Lorna und Phillip Sarrel, zwei Wissenschaftler an der Yale University, kürzlich feststellten, «ist die Fähigkeit, Gedanken und Gefühle über Sex mit dem Partner zu teilen, der einzig relevante Faktor für eine gute sexuelle Beziehung».

Viele von uns entwickelten jedoch in der Zeit des Heranwachsens Kommunikationsgewohnheiten, die helfen, unsere wahren Emotionen und Ansichten hinter einer glatten, irgendwie verlogenen Fassade aus Worten zu verstecken, besonders dann, wenn wir mit jemandem zusammen sind, der romantische Gefühle in uns weckt. Bis zu einem gewissen Grad lernten wir fast alle «Techniken», die uns erfahrener und gebildeter, lässiger und selbstsicherer erscheinen lassen, als wir uns eigentlich selbst fühlen. Und wenn man unglücklicherweise einmal doch mehr empfindet, ist es häufig schwierig, das Wortgeplänkel zu durchbrechen, um einen tieferen Gedanken- und Gefühlsaustausch mit dem Betreffenden zu erreichen.

Bis man miteinander schläft, hat man meist schon eine ganze Reihe von Gesprächen hinter sich. Ist diese verbale Intimität nicht entsprechend tief, bleibt die sexuelle Begegnung zumeist oberflächlich. In einem Bericht über die Sexualprobleme der Frau stellte Shere Hite 1987 fest, daß buchstäblich alle Frauen als ihr Hauptproblem den Mangel an verbaler Kommunikation mit dem Partner bezeichneten.

Matts letzte Freundin Clancy war eine meiner Klientinnen, als sie ihn kennenlernte und sich in ihn verliebte, und so erhielt ich wöchentlich Bericht darüber, wie ihr neues Liebesabenteuer sich entwickelte. Sie erzählte mir, daß sie hinter Matts großsprecherischem Gehabe und seiner oberflächlichen Glattheit eine tiefe und schöne Seele erkannte. Da sie glaubte, sie könnte bis zu seinem wahren Selbst vordringen, war sie bereit, mit ihm zu kämpfen, statt ihn einfach fallenzulassen, wozu sie schon mehrfach Lust gehabt hatte.

Glücklicherweise lernte sie ihn kennen, als er gerade zu dem Wagnis bereit war, seine alten Tricks der Kommunikationsvermeidung in Frage zu stellen. Während der letzten Jahre hatte er sein Verhalten immer genauer beobachtet und wußte, daß ihn irgend etwas davon abhielt, sich näher auf eine Bindung einzulassen. Zuerst wehrte er ab, als Clancy versuchte, ihn auf bestimmte Gesprächsgewohnheiten aufmerksam zu machen, die eine Vertiefung ihrer Beziehung immer wieder verhinderten. Aber ihre Liebe zu ihm war so stark, daß er sich allmählich öffnen und ihr zuhören konnte, wenn sie über ihre neuen Erkenntnisse bezüglich Kommunikationstechniken und das Mitteilen von Gefühlen sprach.

«Ich glaube nicht, daß er jemals irgend jemandem erzählt hat, was er tief in seinem Innern fühlt», meinte Clancy während einer Sitzung. «Letzten Sonntag habe ich seine Mutter kennengelernt, und ich muß sagen, sie ist noch viel schlimmer als er. Sie redet die ganze Zeit und sagt dabei nichts über sich und ihr wahres Selbst. Wir haben mittags mit seiner ganzen Familie gegessen – zwanzig Personen waren da, es war ein großes Fest –, und alle waren Komiker und versuchten sich gegenseitig mit geistreichen und witzigen Bemerkungen zu übertrumpfen. Matt und ich hatten uns am Abend zuvor über seine Familie unterhalten, und ich bemerkte, wie er sie alle während des Essens genau beobachtete. Übrigens redete sein Vater überhaupt nicht, er ist ein eher stiller Typ. Und später, als Matt und ich zu meiner Wohnung fuhren, war Matt vorübergehend genauso in sich gekehrt wie sein Vater. Er brauchte eine halbe Stunde, bis er schließlich in der Lage war, zuzugeben, daß er sich als Kind in seiner Familie sehr einsam gefühlt hatte. Dann geschah etwas Wunderschönes – sehen Sie, ich erröte jetzt noch, wenn ich daran denke. Mitten in seiner Beichte, als er fast den Tränen nahe war, bekamen wir plötzlich große Lust aufeinander, ja, wir hatten es so eilig, daß sogar einige Knöpfe dran glauben mußten. Ich habe mich noch nie so tief mit einem Mann verbunden gefühlt. Ich fürchte, ich liebe ihn jetzt noch zehnmal mehr als vorher. Es kann einem angst machen, aber es ist genau das, was ich gewollt habe.»

Die Magie des Zuhörens

Vielleicht haben Sie bereits davon gehört, daß viele äußerst wirksame Therapietechniken auf dem Prinzip beruhen, den Klienten während der ganzen Sitzung einfach sprechen zu lassen, ohne daß der Therapeut ihn mit Fragen unterbricht. Er macht höchstens gelegentlich «hm, hm» oder sagt: «Das ist aber interessant, fahren Sie fort.» In einer lebendigen Beziehung sollte diese Dynamik ebenfalls bestimmend sein. Wenn der eine etwas zu sagen hat, unterbricht der andere den Redestrom erst, wenn sein Partner alles Wesentliche erzählt hat. Auf diese Weise wird während eines vertrauten Gesprächs ein wahrer Herzenskontakt erreicht.

Was Matt dazu befähigte, schließlich zumindest ein bißchen sein Herz zu öffnen, war, daß Clancy gerade zu lernen begann, eine gute Zuhörerin zu sein. Statt immer gleich schlagfertig Paroli zu bieten, ließ sie ihn reden, bis er alles gesagt hatte und Schweigen entstand – eine Erfahrung, die sowohl für Matt als auch für Clancy neu war.

«Mitten in einem solchen manchmal unbehaglichen Schweigen», erzählte sie mir, «entstanden plötzlich Gefühle und Gedanken, die etwas ganz Besonderes waren. Ich merkte, daß er von ungewohnten Emotionen überwältigt wurde, und fragte ihn, ob er mir nicht erzählen wolle, was in ihm vorgehe. Wenn es ihm schließlich gelang zu sprechen, war seine Stimme völlig verändert, manchmal klang sie wie erstickt, manchmal ärgerlich, aber immer ernst und liebenswert.»

In diesem Zusammenhang muß die traurige Tatsache erwähnt werden, daß es in Matts Kindheit niemanden gab, der ihm wirklich zugehört hätte. Dies passiert in modernen Familien häufig, vor allem beim dritten oder vierten Kind, weil dann die größeren Geschwister die ganze Aufmerksamkeit auf sich ziehen. Das Fernsehen ist ebenfalls ein Gesprächskiller, und zwar in einem solchen Maße, daß viele Psychologen es zum Intimitätsfeind Nummer eins erklärt haben. Solange der Fernseher läuft, hört niemand einem Kind richtig zu, das danach lechzt, sich mitzuteilen, das von seinen Gefühlen erzählen will, die es bedrängen.

Die andere Seite von Matts Problem war die, daß er selbst ein miserabler Zuhörer war. Er hatte Angst, längere Zeit zu schweigen, weil dann sein Gesprächspartner zu einer tieferen, vertraulichen Ebene der Unterhaltung hätte vordringen können. Seine Eltern waren vor einer solchen Art der Kommunikation zurückgeschreckt, und er reagierte genauso, ohne daß es ihm bewußt war.

«Vor kurzem mußte ich zweimal wiederholen, daß ich mich von ihm trennen würde, wenn er nicht so lange den Mund hielte, daß ich sagen könne, was ich dachte», erzählte Clancy in einer Sitzung. «Schließlich gelang es ihm – es ist einfach eine Frage des Selbstbewußtseins.»

Den Kampf, den Matt und Clancy ausfochten, um auf der Gesprächsebene eine gewisse Vertrautheit miteinander zu erreichen, bestehen die meisten Paare erfolgreich, die zusammenbleiben und deren Beziehung gedeiht. Sicherlich haben Sie selbst in dieser Hinsicht auch schon so manches erlebt. Ehe wir uns nun eingehender mit der Dynamik des verbalen Austauschs beschäftigen, möchte ich, daß Sie auf Ihre eigenen Beziehungen zurückblicken und Ihr eigenes Maß an Ehrlichkeit und Verwundbarkeit einschätzen, wenn es um ein Gespräch mit dem Partner geht.

Von Herzen sprechen

Leo Buscaglia schrieb in *Loving Each Other:* «Kommunikation, die Kunst der Unterhaltung, die Kunst zu sagen, was wir fühlen und meinen, und zwar klar und verständlich, die Kunst, sich anzuhören, was der andere zu sagen hat, und darauf zu achten, daß wir es auch richtig erfassen – Kommunikation ist allen Anzeichen nach eine der wesentlichsten Voraussetzungen, um eine liebevolle Beziehung zu schaffen und zu erhalten.»

Was ist es denn eigentlich, das ein einfaches Gespräch zu

einer Erfahrung von Vertrautheit werden läßt? Wie ist es möglich, daß manche Leute viel reden und uns wenig beeindrucken, während andere nur ein paar Worte zu sagen brauchen, und wir sind zutiefst berührt?

Die menschliche Stimme ist ein außergewöhnliches multidimensionales Instrument. Sie kann nicht nur statistische Daten, Angriffspläne und komplexe philosophische Gedankengebäude in Worte fassen, sondern auch die emotionalen Unterströmungen unserer Gedanken dem anderen übermitteln.

Es ist äußerst lohnend, sich mit dieser Dynamik der emotionalen Dimension der Kommunikation eingehender zu beschäftigen, um bereits bei unserem nächsten Gespräch diese Dynamik in Aktion beobachten zu können. Wie bei allen anderen Aspekten dieses Programms der geistigen Sexualität wird sich das geschärfte Bewußtsein für Ihre Gewohnheiten als der Schlüssel erweisen, der bei Ihren intimen Beziehungen das Tor zur gewünschten Veränderung öffnet.

Zuerst sollten wir uns mit der offensichtlichen, aber häufig übersehenen Tatsache beschäftigen, daß die gesprochene Stimme ein Produkt unserer Atemgewohnheiten ist. Klang entsteht, wenn wir ausatmen. Beim Einatmen schweigen wir einen Augenblick. So entstehen beim Sprechen immer regelmäßige kurze Intervalle der Stille, wenn wir die Lungen wieder mit Luft füllen.

Die Kraft, die andere Menschen in unserer Stimme spüren, hängt zu einem großen Teil von der Tiefe, der Regelmäßigkeit und der Stärke unserer Atmung ab. Wenn wir verkrampft atmen, klingt unsere Stimme flach und gezwungen. Blocken wir Emotionen ab und kontrollieren wir unseren Atem ständig, wird unsere Stimme angespannt und ohne ehrliche emotionale Qualität sein.

Unser genetisches Erbe und noch mehr die Konditionierung in unserer Kindheit bestimmen zu einem großen Teil unsere stimmlichen Möglichkeiten als Erwachsene. Matts Eltern zum Beispiel sprachen in einem flachen, ausdruckslosen Ton, und deshalb redete er genauso. Später lernte er, seine eingeengte stimmliche Persönlichkeit hinter einer großsprecherischen, kumpelhaften Fassade zu verbergen, und das erschwerte es noch mehr, sein Verhalten zu ändern, da er die Verbindung zu dem traurigen, ängstlichen, wütenden kleinen Jungen verloren hatte, der von seinem glatten stimmlichen Äußeren als Erwachsener verdeckt wurde.

Viele von uns sind dieser Selbsttäuschung zum Opfer gefallen, weil wir uns mit unserer Gewohnheit, die Stimme zu manipulieren, selbst etwas vormachen. Im wesentlichen haben wir die Schwachheit und Ängstlichkeit, das Jammern und die Hoffnungslosigkeit, den Ärger und die Frustration verworfen, die wir als Kinder ganz natürlich mit unserer Stimme zum Ausdruck bringen wollten. Wir identifizieren uns mit der gesellschaftlichen Glätte des Erwachsenen, statt die schmerzhafte Wirklichkeit anzuerkennen, daß wir als Kinder vielleicht alles andere als glücklich waren.

Eltern sind häufig der eigentliche Grund für die falsche stimmliche Entwicklung ihrer Kinder. «Wir sollten immer eine glückliche große Familie sein», erzählte Matt mir einmal, nachdem er begonnen hatte, Clancy zu den Sitzungen zu begleiten. «Jedesmal, wenn eines von uns Kindern Gefühle ausdrückte, die alles andere als positiv waren, wurde es bestraft. Deshalb mußten wir lernen, uns zu verstellen.»

Kinder in ihrem sprachlichen Ausdruck zu hemmen, hat den chronischen Verlust des Kontakts zu ihren wahren Gefühlen zur Folge. Die Stimme soll ein Mittel sein, sich emotional sofort abzureagieren. Wenn dieses natürliche Ventil für die ganze Skala unserer Emotionen verstopft wird, verlieren die Kinder tatsächlich die Verbindung zu ihrem emotionalen Selbst, zur Realität ihres Herzens.

Als Kind verbrachte ich mehrere Jahre auf einer Ranch, die im südlichen Arizona an der Grenze zum Reservat der Pima- und Papago-Indianer lag. Wie alle Ureinwohner Amerikas waren auch sie der Ansicht, daß der Denkprozeß nicht nur eine Funktion des analytischen Verstandes ist, sondern auch eine Funktion des Herzens und der Gefühle, die mit dem Herzen verbunden sind. Vom Standpunkt eines Indianers aus betrachtet, ist ein Mensch, der nicht von Herzen spricht, entweder verrückt oder ein Lügner.

Die allgemeine Beobachtung der einheimischen amerikanischen Bevölkerung war, daß die meisten weißen Marodeure, die in das Land eindrangen, fast nie vom Herzen, sondern nur vom Kopf aus sprachen. Diese Eindringlinge waren deshalb ohne Verbindung zu ihren innersten Gefühlen. Ein solcher Mangel an emotionaler Bewußtheit war natürlich äußerst nützlich bei der brutalen, menschenverachtenden Eroberung Amerikas.

In der Geschäftswelt von heute, in der die meisten von uns bestehen müssen, herrscht ebenfalls eine solche Herzlosigkeit. Das ständige Wachstums- und Konkurrenzdenken, das dem Kapitalismus inhärent ist, und die damit zusammenhängende Mentalität des jeder gegen jeden zwingen uns, unser Herz zu verhärten, wenn wir in diesem Wettkampf gewinnen wollen. Die meisten von uns wurden in der Furcht erzogen, in der modernen Welt nicht bestehen zu können, wenn sie zu sensibel und verletzlich sind und die Fähigkeit des Herzens, mitzufühlen, zu sehr kultivieren. Dabei sind wir ganz tief in unserem Innern mit den Indianern einer Meinung: Menschen, die nicht von Herzen sprechen, sind in gewisser Weise tatsächlich verrückt, sie haben die Verbindung zur wahren Natur des Menschen verloren.

Dies bedeutet, daß die meisten von uns zumindest ein wenig verrückt sind, denn sie wurden dazu erzogen, ihre wahren Gefühle abzublocken und nicht durch die Stimme auszudrücken. Während wir uns nun abmühen, eine größere sexuelle und geistige Vertrautheit mit unserem Partner zu gewinnen, müssen wir uns mit diesen verbalen Mitteilungs- schwierigkeiten auseinandersetzen und unser möglichstes tun, um diese Sperre zu durchbrechen.

Prüfen Sie nun einmal Ihre eigene Fähigkeit, von Herzen zu sprechen, Ihre wahren Gefühle zu zeigen und Ihre tieferen Gedanken und Gefühle mit Ihrem Partner zu teilen. Ist Ihre stimmliche Persönlichkeit gegenwärtig erstarrt und hat Angst, wahre Gefühle zu zeigen?

Blicken Sie auf das Gespräch zurück, das Sie zuletzt mit Ihrem Partner hatten. In welchem Maße waren Sie dabei mit Ihrem eigenen Herzen in Verbindung? Inwieweit konnten Ihre Worte Ihrem Sexualpartner Ihre Gefühle übermitteln?

Die Angst
vor der Offenheit überwinden

Wie lernen wir nun praktisch, die alten Hemmungen zu überwinden, damit unsere Worte die wahren Gefühle für jemanden, den wir lieben, transportieren?

Die Sprache des Herzens zu entwickeln bedeutet häufig auch, gewisse tief verwurzelte Ängste zu bewältigen, die uns an einem intimen verbalen Austausch hindern. Es ist fast immer das Gefühl dabei, daß wir etwas riskieren, wenn wir uns verbal mehr öffnen. Dieses Gefühl des Risikos schafft sehr oft Angst vor dem, was passieren könnte, wenn wir uns von einer Seite zeigen, die man uns zu fürchten und zu verstecken gelehrt hat.

In seiner Antrittsrede sagte Präsident Franklin D. Roose- velt: «Das einzige, was wir zu fürchten haben, ist die Furcht selbst.» Chronische Ängstlichkeit und Unsicherheit töten die emotionale Ehrlichkeit. Beim Angstreflex zieht sich alles in uns zusammen, wir erstarren und nehmen vorübergehend nichts wahr. Und wenn wir aus dieser Angstreaktion eine ständige geistige, emotionale und physische Gewohnheit machen, sind wir, was wohl jedem klar ist, zu einem intimen Austausch nicht in der Lage. Tatsächlich ist die Angst für jede echte geistige Beziehung der Hauptthemmschuh.

Im Laufe dieses Buchs werde ich Ihnen immer wieder vorschlagen, Ihre Aufmerksamkeit in Richtungen zu lenken, die Sie in Ihrer Kindheit wahrscheinlich zu vermeiden gelernt haben, aus Angst, etwas zu sehen, das Ihre vorhandenen Einstellungen und Verhaltensmuster durcheinanderbringen oder bedrohen könnte. Ich übernehme hier die Rolle des Therapeuten, der Sie dazu ermutigt, gewisse Angst erzeugende Situationen zu riskieren, damit Sie der Gefahr ins Auge blicken und sie als das sehen können, was sie ist – und damit Sie persönlich wachsen.

Unsere erste Reaktion auf eine solche Provokation ist gewöhnlich negativ. Wer möchte schon dazu gedrängt werden, begrabenen Gefühlen und Erinnerungen zu begegnen, die schmerzlich sein könnten? Und wer möchte vertraute Gespräche führen, bei denen man riskiert, verlegen, emotional bloßgestellt und verletzt zu werden?

Grundsätzlich gilt für eine romantische Beziehung folgendes: Wenn wir uns nicht in Bereiche des Nachdenkens und des Handelns wagen, die unsere Grenzen erweitern und die Art, wie wir das Leben sehen, in Frage stellen, bleiben wir für immer Gefangene unserer Gewohnheiten und beschränkten Erfahrungsmöglichkeiten.

Das Risiko ist der Schlüssel zum Wachstum. Wenn ein Risiko den Stachel der Angst in uns weckt, dürfen wir nicht dem Risiko aus dem Weg gehen, sondern müssen uns mit der Furcht auseinandersetzen.

Als Therapeut ist es seit vielen Jahren meine Aufgabe, den Klienten zu helfen, ihre Ängste anzunehmen, so daß sie das

Risiko eingehen können, sich selbst kennenzulernen, sich zu akzeptieren und andere zu lieben. Aber wie schaffen wir es, das auch wirklich in die Tat umzusetzen?

Übungen zum Abbau der Angst

Ich möchte Ihnen jetzt eine Reihe von praktischen Übungsschritten zeigen, die Sie sofort auf Ihre eigene intime Beziehung anwenden können. Diese Übungen werden Ihnen helfen, sich mit Angst erzeugenden gefühlsgeladenen Situationen auseinanderzusetzen und Ihre Angst allmählich zu transzendieren, so daß ein ehrlicher Kontakt zum Partner entsteht.

Abbau der Angst –
Übung eins:
Ihr Atem ist das wichtigste

Wenn Sie sich in einer intimen Situation befinden, die Sie nervös macht, bedenken Sie, daß es der Atem ist, wo die Angst Sie packen kann. Lenken Sie Ihre Aufmerksamkeit auf den Atem, und die Kraft Ihrer Aufmerksamkeit wird spontan eine Bewegung erzeugen, die zum Ausdruck der Emotionen führt und zur nachfolgenden Entspannung der Brustmuskeln. Dies ist eines der wichtigsten Dinge, die man im Leben lernt – daß die Kraft der Aufmerksamkeit eine spürbare Macht ist, die positive innere Veränderungen bewirkt. Im konkreten Fall beruhigt und vertieft sich Ihr Atem, und Sie merken, wie Sie von jenen emotionalen Verspannungen befreit werden, die ein wirklich vertrautes Gespräch mit dem Partner hemmen.

Abbau der Angst –
Übung zwei:
Sie müssen nichts tun

Wenn wir in einer intimen Situation ängstlich werden, die Stimme gepreßt klingt und unser Atem abflacht, stehen wir gewöhnlich unter dem Druck, etwas zu unternehmen, um dieser Situation zu entkommen. Wir neigen dann dazu, in ein seichtes Gespräch und eingeübte mentale und emotionale Verhaltensmuster abzugleiten, doch die verstärken die Spannung nur noch, weil sie den Verlust des Herzenskontakts vergrößern, und das zu einem Zeitpunkt, da wir dringend eine tiefe Ebene der Ehrlichkeit zu unserem Partner brauchen.

Hier gilt es zu erkennen, daß der beste Schritt jetzt der ist, keinen Schritt zu tun. Statt zu versuchen, der Situation zu entkommen, ist es weit produktiver, sich einfach zu entspannen, so daß man sich selbst beobachten und wichtige Erkenntnisse sammeln kann. Besonders dann, wenn es um die Verminderung der Angst geht, muß man sich klarmachen, daß diese Begegnung keine Frage von Leben und Tod ist. Es ist vielmehr eine neue Chance, herauszufinden, warum wir angespannt und ängstlich wurden, um dann, wenn wir den Grund entdeckt haben, durch diesen Prozeß zu wachsen.

Abbau der Angst –
Übung drei:
Verlagerung der Wahrnehmung

Wie in diesem Buch immer wieder gezeigt wird, gehört es zum Prozeß des wahren geistigen Wachstums, daß wir uns und den Partner bewußt mit mehr Ehrlichkeit und Klarheit sehen. Und dies erfordert, daß wir lernen, vorübergehend still und ruhig zu werden, bereit zu dem Abenteuer, die Gegenwart neu zu erfahren.

Um unsere verbale Nervosität in einer intimen Situation

zu überwinden, müssen wir so lange schweigen, bis wir uns mit unseren Emotionen verbunden fühlen. Wie Matt neigen die meisten von uns dazu, vor der Stille Angst zu haben, wenn sie mit jemandem zusammen sind. Wir müssen uns disziplinieren und dieses Schweigen so tief erleben, daß wir nicht nur von der Gedankenebene, sondern auch von der Herzensebene aus sprechen, wenn wir wieder zu reden beginnen.

Die Methode, die sowohl Therapeuten als auch geistige Lehrer gern einsetzen, um dieses wichtige Schweigen, diese Stille und diese Selbstbewußtheit zu erreichen, die man zur Selbsterkenntnis und zum persönlichen Wachstum braucht, nennt man Verlagerung der Wahrnehmung. Bei dieser Technik geht es darum, den Punkt Ihrer Aufmerksamkeit vom gewohnten Gedankenfluß und den bedingten Reflexen, die normalerweise eine Begegnung bestimmen, auf die Wahrnehmung Ihrer eigenen Gegenwart zu verlagern – auf Ihren Atem, auf Ihren Körper und auf die unmittelbare Erfahrung durch die Sinne, die Ihnen die Person, mit der Sie zusammen sind, auf direktem Weg bewußt machen.

Dieser einfache und doch unendlich feine Akt des Erlernens der Aufmerksamkeitsverlagerung auf den nächsten Atemzug ist tatsächlich die wichtigste geistige Technik spirituell Strebender. Durch diese bewußte Verlagerung des geistigen Standpunktes kann man über seine Vergangenheit und konditionierte Reaktionen hinausgehen bis zu dem Punkt, an dem der gegenwärtige Augenblick direkt erfahren wird.

Nachdem Sie eine tiefe Bewußtheit Ihres Atems erreicht haben, wird in der nächsten Phase der Wahrnehmungsverlagerung diese Bewußtheit erweitert, so daß Sie plötzlich Ihren ganzen Körper als eine lebendige physikalische Präsenz spüren. Sie fühlen zum Beispiel, wie die Schwerkraft an jedem Muskel zieht. Sie fühlen das Herz oder den Puls im ganzen

Körper schlagen. Sie erfahren Ihr Selbst als eine lebendige Wesenheit im gegenwärtigen Augenblick.

Über diese physiologische Dimension der Bewußtheit des Selbst hinaus sind auch Ihre fünf Sinne aktiv daran beteiligt, Impulse aus der Umgebung aufzunehmen und Sie mit dem Partner in intimen sensorischen Kontakt zu bringen. Durch dieses Bewußtsein der Sinne, tatsächlich einen dreidimensionalen Raum mit dem Partner zu teilen, wird bei einer sexuellen Beziehung wahre Intimität möglich.

Abbau der Angst –
Übung vier:
Lassen Sie Ihr Herz sprechen

Haben Sie die ersten drei Schritte getan, die ich gerade aufgezeigt habe (und die ich in späteren Kapiteln noch genauer darlegen werde), so sind Sie in der Lage, mit Ihrem Partner auf völlig neue Art zu sprechen, nämlich mit Ihrem ganzen Wesen und nicht eingeschränkt durch kopflastige Gesprächsmuster. Wenn Sie mit Ihrem Atem und Ihrem Herzschlag in Einklang sind, sind Sie auch in Einklang mit den Gefühlen Ihres Herzens. Wenn Sie dann reden, werden Sie ganz natürlich tiefere Gefühle und Gedanken ausdrücken. Ihre Angst hat sich verringert, und deshalb können Sie riskieren, offener zu sein.

«Clancy erschreckte mich zu Tode, das ist wirklich wahr», gestand Matt einmal. «Sie wollte Dinge von mir wissen, die sie, so dachte ich, veranlassen würden, mich sitzenzulassen. Ich mußte eine Tonne Angst überwinden, ehe es mir auch nur gelang, ihr zu sagen, daß sie mir angst machte. Aber als ich es ihr gestanden hatte, da fühlte ich mich innerlich so erleichtert, und alles war ganz anders. Ich fing an zu lachen, jawohl, das tat ich! Meine Angst war so dumm. Schließlich war das die Frau, die mich wirklich liebte, nicht jemand, der meine Geständnisse gegen mich verwenden würde. Das war nur die alte Familienparanoia. Ich begriff, daß ich lernen mußte, mich von meiner Vergangenheit zu lösen, wenn ich diese Frau behalten wollte.»

Prägen Sie sich nun diese vier Schritte zur Angstreduzierung gut ein, ehe wir weitermachen. Beschäftigen Sie sich mit ihnen, damit sie Ihnen geläufig werden und Sie sie bei Ihrem nächsten intimen Gespräch anwenden können.

Die eigene Stimme akzeptieren

Nur wenigen Menschen gefällt der Klang ihrer eigenen Stimme, wenn sie sie so hören wie andere Leute – wenn sie zum Beispiel eine Tonbandaufnahme von sich hören. Wir bemerken nur die Spannungen, die Sprödigkeit, die Verlogenheit, die Schwäche in unserer Stimme – kurz, alles, was wir am liebsten verbergen würden.

Tatsächlich haben in dieser zivilisierten Welt nur sehr wenige Menschen eine echte Stimme. Die meisten von uns haben sich einen falschen Zungenschlag zugelegt. Und wenn wir unsere eigene Stimme ablehnen, weil wir sie unangenehm finden, lehnen wir damit auch unser eigenes Selbst ab. Und dieser Akt der Selbstablehnung schadet uns bei weitem mehr als zu akzeptieren, daß unsere Stimme oft gepreßt und ein wenig gezwungen oder sogar falsch klingt. Wir müssen uns einfach so akzeptieren, wie wir sind. Dies ist, wie schon gesagt, sowohl für ein geistiges als auch psychisches Wachstum unbedingt erforderlich.

Es ist ein erstaunlicher Schritt vorwärts, wenn ein Klient in der Therapie erkennt, daß die Welt nicht sofort untergeht, nur weil er sich eingesteht: «Ich bin ein emotionales Wrack im Vergleich zu dem Menschen, der ich sein könnte, wenn ich nicht so viele Hemmungen hätte. Aber ich akzeptiere mich trotzdem so, wie ich bin.»

Wenn wir uns ablehnen, wird auch unsere Umgebung

diese Haltung übernehmen und denken, daß wir nichts taugen. Aber wenn wir uns akzeptieren, werden die Menschen um uns ebenfalls dazu neigen. Dies ist eines der wirksamsten Gesetze bei zwischenmenschlichen Beziehungen.

Denken Sie jetzt ein wenig über Ihre Beziehung zu Ihrer eigenen Stimme nach. Wie klingen Sie auf einer Kassette? Wie klingen Sie für die Leute, die Ihnen zuhören? Und können Sie akzeptieren, daß Sie das sind?

Das Erwachen der Stimme

Wenn es für Sie tatsächlich ein Problem ist, Ihren Partner mit Ihrer Stimme auf der Herzensebene zu erreichen, welche konkreten Schritte können Sie dann, abgesehen von den eben angeführten Übungen zur Angstverminderung, noch tun, um ehrlichere und wirklich vertraute Gespräche zu führen?

Sie sollten Ihre Gewohnheiten eine Woche lang nur beobachten, ehe Sie versuchen, irgend etwas zu ändern. Stellen Sie einfach fest, was Sie sagen und wie gut Sie zuhören, wenn Sie mit Ihrem Partner zusammen sind. Beobachten Sie sich in Aktion.

Als allgemeine Richtlinie überprüfen Sie die folgenden Schlüsseleigenschaften Ihrer Gesprächsgewohnheiten:

1. Reden hauptsächlich Sie, wenn Sie mit Ihrem Sexualpartner zusammen sind?
2. Klingt Ihre Stimme beim Sprechen ehrlich oder unecht?
3. Reden Sie über Dinge, die Ihnen am Herzen liegen, oder sind Ihre Gespräche unverbindlich?
4. Gefällt Ihnen der Klang Ihrer eigenen Stimme?
5. Sind Sie sich beim Sprechen Ihres Atems bewußt?
6. Ist aus Ihrer Stimme eine gewisse Ängstlichkeit herauszuhören?

7. Können Sie mit Ihrem Partner über Ihre Verletzlichkeit sprechen?

8. Hören Sie alle emotionalen Schattierungen aus der Stimme Ihres Partners heraus, oder neigen Sie dazu, die emotionalen Untertöne in seiner Stimme kaum wahrzunehmen?

9. Akzeptieren Sie die Stimme Ihres Partners, oder lehnen Sie sie ab?

10. Können Sie es Ihrem Partner offen sagen, wenn Sie nervös, aufgeregt, wütend oder deprimiert sind, oder verbergen Sie Ihre negativen Gefühle?

Stimmübungen zur emotionalen Entspannung

Emotionale Entspannung nach bioenergetischen Prinzipien, die von Wilhelm Reich vor etwa fünfzig Jahren entwickelt wurden, ist ein hervorragendes Mittel, um das persönliche Wachstum zu fördern. Reich war ein wahrer Pionier der modernen Psychologie, der beruflich viel riskierte, um so genau wie möglich zu erforschen, auf welche Art und Weise unsere emotionale Konditionierung als Kinder unsere Fähigkeit als Erwachsene, einen Herzenskontakt herzustellen, hemmt. Ich möchte Ihnen zu diesem Thema zwei einfache und wirksame Übungen vorstellen.

1. Übung zur Stimmentspannung
Entspannen Sie den Kiefermuskel
Wenn wir gezwungen werden, unsere Emotionen zurückzuhalten, lernen wir unbewußt, unseren Kiefermuskel anzuspannen, damit wir nichts spontan «herausprudeln», was uns in Schwierigkeiten bringen könnte. Menschen mit gepreßter Stimme haben alle einen angespannten Kinnmuskel, und auch die Muskeln der Zunge und des Kehlkopfs sind

angespannt, weil sie eng zusammenhängen. Haben Sie erst einmal gelernt, die Spannung in der Kehlgegend Ihres Körpers auszumachen, kann Ihre Stimme tatsächlich viel gelöster, angenehmer, ausdrucksvoller und beeindruckender klingen.

Der Schlüssel zu dieser Entspannung des Kiefers und der Zunge ist das leichte Öffnen der Zähne, statt sie wie gewöhnlich zusammenzubeißen. Es ist wirklich traurig zu beobachten, wie die meisten Leute, die im Lebensmittelladen anstehen oder bei der Arbeit sind, gewohnheitsmäßig Ober- und Unterkiefer zusammenpressen, wenn sie nicht sprechen. Mit dieser Gewohnheit zu brechen bedeutet nicht nur, den oralen Weg zu öffnen, sondern auch, das Herz zu entspannen und dadurch zugleich sexuell zu entspannen und sich zu öffnen. Wie die neuesten physiologischen Forschungen belegen, breitet sich Angst, die chronisch im Sprechapparat festgehalten wird, auf den ganzen Körper aus. Dieses bewußte Senken des Unterkiefers, damit die Zähne sich leicht öffnen und Kiefer- und Zungenmuskel sich entspannen, ist außerordentlich hilfreich und angenehm.

Stellen Sie fest, wie verspannt Ihre Kehle im Augenblick ist – oder wie entspannt. Experimentieren Sie mit verschiedenen Möglichkeiten, um diese Körperregion zu entspannen. Spüren Sie, wie der ganze Atmungsvorgang sich entspannt und besser anfühlt, wenn Sie die Kiefer-, Zungen- und Kehlgegend bewußt loslassen.

2. Übung zur Stimmentspannung:
Sagen Sie «Bääähhh!» zur Welt

Als wir noch klein waren, gab es bestimmte Gefühle, die wir normalerweise nicht artikulieren durften. Diese Laute als Erwachsener bewußt von sich zu geben, kann eine sofortige Befreiung zur Folge haben. Wollen Sie den wichtigsten Laut ausstoßen, so öffnen Sie den Mund, strecken die Zunge heraus und lassen ein schönes volles «Bääähhh!» ertönen. Sie drücken damit das Gefühl aus, alles satt zu haben, vor allem die emotionalen Spannungen in Ihrem Körper, die durch Ihre Programmierung in der Kindheit entstanden sind.

Als Erwachsener können Sie sofort die Entspannung herbeiführen, wenn Sie einmal stündlich diese Übung machen, allein oder mit jemandem zusammen, der das Gefühl auch kennt. In Workshops über Intimität spazieren wir in einem lockeren Kreis herum und sagen zu jedem, dem wir begegnen, «Bääähhh!» und lassen zu, daß uns andere Leute in dieser verbotenen Stimmung sehen – das macht großen Spaß.

Stellen Sie fest, was Sie erleben, wenn Sie mehrmals «Bääähhh!» sagen. Seien Sie offen für einen stimmlichen Ausbruch Ihrer Gefühle, die tief aus Ihrem Innern in Ihnen aufsteigen und ausgedrückt werden wollen.

Worte der Liebe sagen

Die sexuelle Erregung an sich hat bereits eine dramatische Wirkung auf unsere Stimme, wenn wir offen genug sind, sie zuzulassen. Unsere sprachliche Qualität wird immer entspannter und rauher, während wir uns auf eine tiefe orgastische Vereinigung mit unserem Partner zubewegen. Statt über theoretische oder berufliche Dinge zu reden, werden Worte immer unwichtiger. Urlaute beginnen in uns aufzusteigen und wollen sich in Seufzern und Schreien des sexuellen Vergnügens und der sexuellen Hingabe ausdrücken.

Ist jedoch die Stimme eines Menschen chronisch angespannt und gehemmt oder verstellt, wird ein tieferes Erleben des Orgasmus blockiert. Der Mann kann die Ejakulation sogar erreichen, ohne vorher auch nur einen Ton von sich gegeben zu haben. Mit angespanntem Kinn und zusammengebissenen Zähnen machen sich viele Männer an den Geschlechtsverkehr, als wäre es eine Schlacht oder eine schwere Pflicht, der es nachzukommen gilt.

Für die meisten Frauen ist es unmöglich, einen vollen Orgasmus zu erleben, wenn sie nicht die Kiefermuskeln entspannen und wenigstens so lange die gewohnte stimmliche Anspannung aufgeben, bis sie den Orgasmus erreichen. In späteren Kapiteln werden wir noch mehr über die stimmliche Dimension des Orgasmus sprechen, wenn die verbale Verständigung aufhört und die instinktiveren Kräfte der sexuellen Vereinigung die Oberhand gewinnen.

Ein vertrautes Gespräch entwickelt sich auf eine bestimmte Weise. Anfangs ist es eine lockere Unterhaltung zwischen zwei Menschen, die sich sexuell zueinander hingezogen fühlen, später vertieft sie sich Schritt für Schritt, erst zu einer Vertrautheit in Worten, dann zu einer Vertrautheit der Körper und zuletzt im Idealfall zu einer vollkommenen Vereinigung. Beobachten Sie selbst, wie Sie die verschiedenen Phasen des verbalen Verkehrs beim Geschlechtsakt erfahren.

An dieser Stelle möchte ich Ihnen hinsichtlich Ihrer stimmlichen Gewohnheiten noch ein paar Fragen stellen, über die Sie auch im Zusammenhang mit Ihren vergangenen sexuellen Erlebnissen nachdenken und die Sie im Auge behalten sollten, wenn Sie das nächstemal eine Liebesbeziehung eingehen.

1. Neigen Sie dazu, viel zu reden, wenn Sie sexuell erregt sind, oder fällt es Ihnen leicht, die Unterhaltung einschlafen zu lassen, so daß Sie sich auf nonverbale Ebenen des Geschlechtsverkehrs begeben können?
2. Drücken Sie Ihre wachsende sexuelle Leidenschaft durch Urlaute der Agonie und Ekstase aus, oder blocken Sie sie ab, damit nichts nach außen dringt?

3. Sind Sie so offen, daß Ihr Partner sich beim Liebesakt spontan stimmlich äußern kann?

4. Fühlen Sie sich nach dem Liebesakt, was Ihre Atemmuskeln, Stimmbänder, Kiefer- und Zungenmuskeln betrifft, entspannter und zufriedener oder angespannter als vor dem Verkehr?

5. Schweigen Sie nach dem Liebesakt und genießen Sie die nonverbale tiefe Vertrautheit, oder beginnen Sie sofort wieder zu reden?

Wir sollten immer bedenken, daß alle Äußerungen während des Geschlechtsverkehrs ganz bestimmte Mitteilungen sind. Obwohl wir, wenn wir uns dem Orgasmus nähern, vielleicht keine zusammenhängenden Worte mehr von uns geben, um unsere Gefühle auszudrücken, zeigen wir unserem Partner noch immer, wie wir in einem bestimmten Augenblick auf seine Nähe reagieren. Jeder von uns verfügt von Natur aus über eine Reihe instinktiver Laute beim Liebesakt, wenn wir zulassen, daß sie über unsere Lippen kommen. Zu erkennen, was der Partner mit diesen Lauten und Satzfetzen ausdrücken will, ist für eine erfüllte sexuelle Beziehung äußerst wichtig.

Ich erinnere mich an ein bestimmtes frühes sexuelles Erlebnis, bei dem meine Freundin und ich uns furios dem Höhepunkt näherten. Plötzlich hörte ich unter mir eine leidenschaftliche Stimme, die mit einem heftigen klagenden Stöhnen «Nein, nein, nein!» rief. Meine Freundin meinte damit, daß sie bereit war, ihr Ego völlig aufzugeben. Ich aber nahm ihr Nein wörtlich und zog mich zu ihrem Entsetzen zurück. Ich hatte einfach nicht verstanden, was sie hatte ausdrücken wollen.

Beim Geschlechtsverkehr sagen wir häufig Dinge, die im alltäglichen Leben ausgesprochen seltsam klingen würden. «Es kommen Worte aus meinem Mund», berichtete mir einmal eine Klientin, «die sind unglaublich vulgär. Ich würde so etwas niemals in einer Unterhaltung sagen. Aber in jenem Moment sind es die einzigen Worte, die genau ausdrücken, was ich fühle. Zuerst war ich jedesmal so geschockt, daß ich versuchte, diese pornographischen Ausbrüche zu unterdrükken. Aber mit den Jahren habe ich erkannt, daß ich nicht die ersehnte sexuelle Erfahrung machen kann, wenn ich meine Stimme nicht völlig loslasse und alles sage, was ich sagen möchte, auch die größten Obszönitäten. Und wenn mein Partner mich nicht so nehmen kann, wie ich bin, dann tut mir das leid.»

Die Wahrheit will ans Licht

Unterhaltungen zwischen einander vertrauten Menschen basieren nicht in erster Linie auf dem oberflächlichen Austausch bekannter Daten und bestimmter Meinungen. Die wahre Kommunikation auf stimmlicher Ebene ist vielmehr ein Prozeß, bei dem wir riskieren, aus unserer augenblicklichen Bewußtseinsverfassung heraus zu sprechen. Wahre Freundschaft versorgt uns auf allen Ebenen mit den Möglichkeiten, unsere eigene Fähigkeit, die Wirklichkeit klarer zu erkennen, zu erforschen. Wenn wir zum Beispiel mit unserem Partner sprechen, reden wir nicht nur von Dingen, die wir sehr gut kennen. Wir benutzen die Erfahrung des Sprechens, um unser eigenes Verständnis darüber zu erweitern, wer wir sind und worum es im Leben geht.

Kurz gesagt, beim Prozeß des spontanen Sprechens mit unserem Partner können wir entdecken, daß wir plötzlich Wahrheiten formulieren, deren wir uns bislang gar nicht bewußt waren. Wir erkennen, was für uns richtig ist, indem wir den spontanen Gedankenfluß mit jemandem erforschen, der uns mit einem wohlwollenden, liebevollen und aufgeschlossenen Geist zuhört.

Auf diese Weise werden Gespräche zu einem aufregenden, schöpferischen Prozeß der fortgesetzten Selbstentdeckung, und gleichzeitig teilen wir diese Entdeckungen mit jemandem, den wir lieben. Das ist wahre Vertrautheit! Wenn jemand seine eigenen Lebenserfahrungen aufmerksam prüft und während des Ausdrückens seiner Gefühle und Gedanken eine tiefere Ebene des Verständnisses für das Gesprächsthema entdeckt, dann ist dieses Gespräch ein Segen.

Unsere spontanen Gedanken und Gefühle, Erkenntnisse und Überlegungen demjenigen mitzuteilen, den man liebt, ist eines der größten Geschenke, die man ihm machen kann. Aber auch dem anderen zuzuhören, kann zu einem solchen Geschenk werden, und zwar so zuzuhören, daß man ihn zu dem Prozeß seiner eigenen Selbstentdeckung ermutigt.

Den meisten von uns fällt jedoch diese Art des Zuhörens und Sprechens nicht leicht. Wir müssen bewußt daran arbeiten, uns in bestimmter Hinsicht zu disziplinieren, damit ein inspirierter Kommunikationsfluß zwischen uns entstehen kann.

Ich möchte Ihnen ein paar Richtlinien geben, wie Sie Ihren Partner dazu ermuntern können, von Herzen zu sprechen und im Gespräch mit Ihnen neue Entdeckungen zu machen:

1. Achten Sie auf den Ton der Stimme Ihres Partners, nicht nur auf das, was er sagt.
2. Hören Sie ruhig zu, ohne Ihren Partner zu unterbrechen, damit er genug Raum hat, sich wirklich von Herzen zu äußern.
3. Hören Sie zu, ohne sich Antworten zurechtzulegen.
4. Hören Sie zu, ohne zu beurteilen.
5. Reden Sie in einer Beziehung oder auch während eines unverbindlichen Gesprächs mit einem Fremden nie mehr, als Sie zuhören.
6. Stellen Sie fest, ob Sie sich immer Ihres Atems bewußt

sind und auch Ihrer Herzregion, so daß der Punkt Ihrer Aufmerksamkeit weiter unten liegt statt oben im Kopf.

7. Legen Sie bei einer Unterhaltung mit Ihrem Partner regelmäßig Pausen ein, so daß das Schweigen in Ihrer Beziehung genausoviel Zeit einnimmt wie das Sprechen. Lernen Sie, gemeinsam still zu sein, sich Ihrer Körper bewußt zu werden und in regelmäßigen Abständen Ihren Verstand auszuschalten.

Dies sind einfache, aber sehr wirksame Vorschläge. Es dauert eine gewisse Zeit, bis man sie beherrscht. Verurteilen Sie sich deshalb nicht, wenn Sie bei einem Gespräch nicht die letzte Ausgewogenheit erreichen. Bemühen Sie sich vielmehr intensiv, auf diese Dimensionen des verbalen Verkehrs regelmäßig zu achten, so daß die Kraft Ihrer Aufmerksamkeit spontane Korrekturen Ihrer früheren Programmierung bewirken und Sie von Hemmungen befreien kann, die auf Ihre sexuelle Kommunikation mit dem Partner direkten Einfluß haben.

Entspannen Sie sich nun, und lassen Sie sich treiben. Erinnern Sie sich an Ihre letzten Liebesbeziehungen, erinnern Sie sich an deren Verlauf, an Momente, da es bis zum Orgasmus kam. Wie sehen im Hinblick auf die Dinge, über die in diesem Kapitel die Rede war, Ihre Beobachtungen der Ebene des stimmlichen Verkehrs mit Ihrem Partner aus?

4
Blickkontakt

Sharon war ein sehr schüchternes Mädchen. Ihre Schüchternheit wurde noch durch die Tatsache verstärkt, daß sie außerordentlich hübsch war mit ihren langen blonden Haaren und blauen Augen und ihre großen Brüder sie deswegen oft aufzogen. Ihre Figur war ein Magnet für Männerblicke. Sharon wurde dadurch nur noch verunsicherter. Schließlich lebte sie in ihrer eigenen Welt und zeigte selten ihre wahren Gefühle. Sogar als Ehefrau hatte sie Angst, ihren Mann in ihr Innerstes blicken zu lassen, vor allem dann, wenn Leidenschaft sie ergriff. Das Ergebnis war, daß sie sich unverstanden und isoliert fühlte und niemandem ihre innersten Empfindungen offenbaren konnte. Die Möglichkeit, wahre geistige Vertrautheit zu erfahren, war dadurch für sie völlig blockiert.

Wir alle haben von früh auf gelernt, daß «die Augen die Fenster der Seele» sind, und wir selbst waren wache und verletzbare Augenmenschen. Wir vertrauten der Welt spontan, ohne zu fragen. Wir hatten keine Angst, uns mit der Wirklichkeit auseinanderzusetzen. Wir lebten ständig in einem intensiv wahrgenommenen direkten, intuitiven Verkehr mit dem Leben selbst.

Ich habe zu diesem Thema auch in meinem *Gesundheitsbuch für die Augen* geschrieben: «Als wir sehr jung waren, blickten unsere Augen in einer Art relativer Seligkeit in die Welt. Unsere Augen konnten hinsehen, wohin sie wollten, und die sichtbare Welt unkontrolliert und ohne Hemmung erforschen. Das Sehen besaß eine natürliche Spontaneität, eine Qualität, die den Augen Vitalität und Gesundheit verlieh. Das Sehen war ein Vergnügen. Die Augen blieben entspannt, aktiv und waren voll Neugierde und Freude.»

Dann kam für viele von uns die Zeit verwirrender und peinlicher Gefühle. Wir hatten häufig entschieden negative visuelle Begegnungen mit Menschen in unserer Umgebung. Allmählich verloren wir immer mehr die Bereitschaft, irgend jemanden durch einen spontanen Blickaustausch in die Tiefen unserer Seele schauen zu lassen. Wir entwickelten Methoden, wie wir das Risiko, visuell mißbraucht oder in Verlegenheit gebracht zu werden, vermeiden konnten. Wie Sharon lernte jeder von uns durch schmerzliche Erfahrungen, daß wir der äußeren Welt nicht immer trauen können und ihr nicht unsere Seele offenbaren sollten. Manchmal mißbrauchen die Menschen unsere Offenheit und Verletzlichkeit. Manchmal ist es gefährlich, seine innersten Gefühle zu zeigen und jemand anders ehrlich und gerade in die Augen zu sehen.

Die Verhaltensmuster zur Vermeidung eines visuellen Kontakts, die junge Leute zu entwickeln lernen, umfassen sowohl das offensichtliche Abwenden der Augen, um den Blicken anderer auszuweichen, als auch den komplexeren mentalen Trick, jemandem in die Augen zu schauen und dabei eine unsichtbare Barriere zu errichten, um das geistige und sexuelle Selbst zu verbergen. Wir lassen uns in die Augen blicken, aber, wie Wilhelm Reich es ausdrückte, wir sind innerlich «gepanzert», geschützt durch einen geistigen Schutzschild, durch den der Blick nicht in die geheimen Bereiche unseres Seins dringen kann.

Hier sollte betont werden, daß in vielen Fällen die Angst eines jungen Menschen, gesehen zu werden, keine Reaktion auf eine tatsächliche Bedrohung von außen ist. Vielmehr kann sich diese visuelle Verschleierung der Gefühle allein schon durch das erwachende Selbstbewußtsein entwickeln, wenn natürliche schamhafte Empfindungen einen davor zurückscheuen lassen, überhaupt gesehen zu werden. Ich weiß aus Erfahrung, daß jedes Kind mehrere Phasen visueller Scheuheit durchlebt, bevor es in die Pubertät kommt. Und im Teenageralter wird dieses Gefühl der Scheuheit und die Aversion vor direktem visuellem Verkehr wieder in ihm erwachen, was manchmal hinsichtlich der Gefühle sehr schmerzhaft sein kann.

Was passiert eigentlich, wenn jemand vor der visuellen Ebene des Verkehrs zurückscheut? Warum ist es manchmal so schwierig, unserem Partner in die Augen zu schauen, ihn spontan anzusehen und spontan angesehen zu werden, bis in unser tiefstes Inneres?

Es ist offensichtlich, daß unsere Möglichkeiten der Einswerdung mit der Umwelt davon abhängen, wie unsere visuellen Interaktionen mit den Menschen beschaffen sind. Psychologisch betrachtet ist der Kernpunkt folgender: Der Akt der Wahrnehmung bezieht immer zweierlei ein, das Empfinden der äußeren Welt und gleichzeitig das unserer eigenen inneren Gegenwart. Die Kombination von innen und außen, von Objekt und Subjekt bewirkt Bewußtsein.

Der Mensch steht also vor der schweren Aufgabe, gleichzeitig innere und äußere Bewußtheit aufrechtzuerhalten. Wenn in unserer Bewußtheit von Objekt und Subjekt, von außen und innen, vom anderen und von uns selbst Ausgeglichenheit herrscht, sind wir in einem wahren geistigen Austausch mit der Welt um uns und erfahren eine Einheit von Selbst und anderem.

Im Idealfall geschieht dies auf allen Ebenen, wenn wir uns beim Geschlechtsverkehr zu gleichen Teilen unserer inneren sexuellen Gegenwart und der unseres Partners bewußt sind. Ein solcher intensiver Austausch kann manchmal mit gleicher Stärke auch geschehen, ohne daß eine eigentliche sexuelle Begegnung stattfindet.

«Ich flog zu einer Sitzung nach Zürich», erzählte mir kürzlich ein Freund, «und fuhr mit dem Zug vom Flughafen in die Stadt. Ich war in einer merkwürdigen Stimmung, fühlte mich innerlich irgendwie erfüllt und zufrieden. Plötzlich hob ich unbewußt den Kopf und blickte direkt in die Augen einer Frau mir gegenüber. Sie besaß die strahlendsten, schönsten Augen, die ich je gesehen hatte. Die Heftigkeit dieses visuellen Kontakts empfand ich innerlich wie eine Explosion, fast wie einen Orgasmus. Als die Zugtüren sich öffneten, merkten wir erst gar nicht, daß die Fahrt zu Ende war. Es war, als wäre der eine im anderen, verloren im anderen, in einer Welt, die von der üblichen völlig verschieden war. Dann wandte sie sich plötzlich ab und stieg aus. Ich sah sie nie wieder, aber ich werde sie immer in meinem Herzen haben. Es ist, als hätte ich Jahre mit ihr zusammengelebt, nicht nur ein paar Augenblicke ihr gegenübergesessen.»

Liebe auf den ersten Blick ist eine Verzauberung. Wir alle haben solche intensiven Blickkontakte erlebt, die uns trafen wie ein Hammer und noch lange in unserem Herzen nachzitterten. Für manche Menschen sind solche kurzen Blickkontakte die wahren Höhepunkte ihres Liebeslebens.

Erinnern Sie sich an Blickkontakte, bei denen Sie sofort von der visuellen Gegenwart eines fremden Menschen tief berührt wurden. Erleben Sie noch einmal die Intensität dieser totalen intimen Offenheit.

Die ganz natürliche Scham

Wie wir schrittweise erkennen, beruhen sexuelle und geistige Vertrautheit auf unserer Fähigkeit, sensibel und verletzlich zu bleiben, in Einklang mit unserer eigenen inneren Gegenwart zu sein, während wir unsere persönliche Welt öffnen und ein anderes Wesen in unserer Hülle der Bewußtheit empfangen. Jedesmal, wenn wir uns dem Partner gegenüber öffnen, wenn wir die Kleider ablegen, die äußere Fassade fallenlassen und uns direkt begegnen, ist es nur natürlich, vorübergehend Scham zu empfinden. Die Schamhaftigkeit ist eine Reaktion darauf, daß sich unser inneres Selbst plötzlich deutlich seiner eigenen Rätsel und Geheimnisse bewußt wird. An diesem Punkt kann es einen tatsächlich unheimlich anmuten, jemand anderen in die innersten Bereiche seines Seins blicken zu lassen.

Menschen, die dies nicht spüren, die ihre natürliche Scheu begraben und ihr Schamgefühl stets unter Kontrolle haben, schließen sich gegen die tieferen Ebenen geistiger Vertrautheit ab. Vielleicht können sie ihrem Partner beim Ausziehen tief in die Augen blicken und angesichts seiner Nacktheit keinerlei Scham empfinden, aber wenn sie sich gegenüber ihren spontanen Gefühlen der Ehrfurcht und Scham verhärtet haben, wird ihnen das fehlen, was sie zum Erreichen eines wahren sexuellen Austauschs brauchen.

Visuelle Scheu ist also einerseits gesund und erstrebenswert. Andererseits aber kommt beim Liebesakt auch der Zeitpunkt, da die Leidenschaft die Scheu überwältigt, da wir über unser Schamgefühl hinausgehen und völlig offen, verletzlich und furchtlos werden. Während wir uns auf den Orgasmus zubewegen, werden wir von einer kraftvollen sexuellen Energie erfüllt, die uns von allen Hemmungen des Ego befreit und eine völlig spontane Interaktion mit unserem Partner ermöglicht.

Der Geschlechtsakt besteht zweifellos aus einer Reihe progressiver Bewußtseinsveränderungen, bei denen wir den vielschichtigen und doch völlig natürlichen Tanz tanzen, der uns immer tiefer in die Reiche der geistigen Begegnung und der sexuellen Hingabe führt. Um die sexuelle Erfüllung zu erreichen, muß man lernen, beim Liebesakt die verschiedenen Schritte zu tun, ohne bei einem von ihnen stehenzubleiben und nicht mehr loslassen zu können.

Zweifellos sind viele Menschen auf der visuellen Ebene des Geschlechtsverkehrs verschlossen und vermeiden so ängstlich diese Form der Vertrautheit, daß sie ihre Seele aus Gewohnheit und meist unbewußt verhüllen, ja mit einem Panzer umgeben. Für den Partner ist sie dann nicht mehr erreichbar. Wie wir gesehen haben, war Sharon so ein Extremfall. Das offene sexuelle Interesse, das die Blicke der Männer ihr auf Schritt und Tritt verrieten, erschreckte sie. Sie hatte das Gefühl, daß ein Mann mit einem einzigen Blick in sie eindringen, sie fast vergewaltigen konnte.

«Die Jungen in der Schule zogen mich mit ihren Blicken geradezu aus. Es war, als ob sie in mir drin wären. Lange bevor ich darüber Bescheid wußte, wie ein Mann in eine Frau eindringt, hatte ich dieses Gefühl durch Blickkontakt. Und es war schrecklich. Natürlich war es auch nicht gut, daß meine Mutter so prüde war. Wenn ich nicht die Angst vor der Sexualität von meiner Mutter übernommen hätte, würde ich es vielleicht genossen haben, daß die Jungen mich mit solchen Blicken bombardierten. Aber ich hatte Angst vor Sex, Todesangst, ohne jeden Grund, außer, daß auch meine Mutter Angst davor hatte. Und als die Männer begannen, mich mit Blicken festzunageln, so daß ich am liebsten in Ohnmacht gefallen wäre, lernte ich, mich innerlich sofort leer zu machen. Ich ging im Geist einfach weg. Und selbst jetzt, nach zehn Jahren, habe ich noch immer Angst, sogar wenn Jack und ich uns lieben. Ich schließe die Augen, und dann ist alles in Ordnung. Ich kann seine schönen braunen Augen nicht ertragen, wenn er in mir ist. Blicke ich ihn doch an, habe ich das Gefühl, mein inneres Selbst würde sofort ausgelöscht. Ich spüre, wie er mir die Seele stiehlt, und dann wird mir schwindlig. Ich schließe die Augen und ziehe mich tief in mich zurück, bis ich mich wiederfinde.»

Wenn wir visuell zu scheu sind, uns nicht wirklich öffnen und in die Geheimnisse des Blickaustausches mit unserem Partner eindringen können, wenn wir nicht in der Lage sind, zumindest kurze intime Blicke mit anderen Menschen zu wechseln – was können wir tun, um diese tief verwurzelte Hemmung zu überwinden?

Wie wir bereits früher sahen, kann jeder weitere Schritt in Richtung sexuelle Vertrautheit neue Angstgefühle in uns erzeugen, so daß wir uns verkrampfen. Wenn wir uns ein Stück weiter öffnen, riskieren wir auch immer etwas, und dieses Bewußtsein bringt die Angst vor Bloßstellung und Verletzlichkeit mit sich.

An dieser Stelle sei erwähnt, daß dieselben Grundlektionen, die wir beim Erweitern der verbalen Vertrautheit gelernt haben, auch auf den Blickaustausch anwendbar sind. Sehr oft haben wir visuellen Verkehr mit unserem Partner, während wir uns mit ihm unterhalten. Manchmal wird der Blickwechsel so intensiv, daß die Worte verstummen. Man kann durchaus behaupten, daß der visuelle Verkehr einen höheren Intensitätsgrad besitzt als der verbale. Der Fluß der Rede hält uns in einem linearen, rationalen Gefühl für Zeit und Bedeutung gefangen. Die visuelle Erfahrung trägt uns aus dem Denken in den Kategorien von Vergangenheit und Zukunft in die Zeitlosigkeit des ewig gegenwärtigen Augenblicks. Dies ist der Grund, warum so viele Menschen auf das Sprechen fixiert sind und zumindest am Anfang einer sexuellen Begegnung die «tiefen Blicke» vermeiden. Es ist für sie eine Möglichkeit, einer Intensität auszuweichen, die sie ängstigt.

Im Idealfall können wir natürlich gleichzeitig sprechen und dem anderen in die Augen sehen und so die beiden Bereiche der Bewußtheit und der Begegnung miteinander verbinden. Tatsächlich ist es fast immer ein längerer visueller Kontakt während des Sprechens, der plötzlich den verbalen Verkehr in tiefere Bereiche vorstoßen läßt. Es ist wie ein Wunder, wenn Augen sich begegnen und Seelen im Aufblitzen eines leidenschaftlichen Blicks verschmelzen. Die Denkfunktion des Geistes erweitert sich spontan und umfaßt dann auch die intuitivere Dimension des menschlichen Bewußtseins. Und genau an diesem Punkt wird die Person, die spricht, beginnen, Ideen auszudrücken, die neu und kreativ sind und viel über sie selbst verraten.

Damit dies geschieht, muß man zugleich eine tiefe Bewußtheit seiner eigenen Mitte und der des Partners haben. Während des verbalen oder visuellen Verkehrs das eigene Zentrum zu verlieren bedeutet, in relative Unbewußtheit abzugleiten. Zu sehr auf die eigene innere Mitte fixiert zu sein heißt, den Kontakt zum Partner zu vermeiden. Das Bewußtsein muß sehr fein abgestimmt und ausgeglichen sein, damit die Kommunikation aufrechterhalten werden kann.

In jedem neuen Stadium einer sexuellen Beziehung ist es wichtig zu lernen, wie diese entscheidende Ausgewogenheit erreicht und erhalten werden kann. Außerdem ist es unerläßlich, bei jedem neuen Schritt Altes aufzugeben, damit die neue Phase beginnen kann. Während der ganzen Zeit müssen wir unser eigenes inneres Gefühl für Balance bewahren, wenn wir den ganzen Prozeß erleben wollen, ohne aus der geistigen Dimension der sexuellen Vereinigung zu fallen.

Aber ein Meister in Sachen Liebe zu sein bedeutet nicht, alles kontrollieren und das Ganze beherrschen und leiten zu müssen. Es gibt nichts Langweiligeres im Bett als jemanden, der alle einschlägigen Techniken kennt und versucht, den Fluß des sexuellen Austauschs in eine bestimmte Richtung zu zwingen.

Ein wahrer Meister in der Liebe überläßt sich den ganz spontanen, instinktiven Energien, die aufsteigen und die sexuelle Begegnung mühelos aufbauen. Was das Ego betrifft, so gibt es tatsächlich nichts zu tun, um eine sexuelle Vereinigung zu erreichen. Wir brauchen uns nur zu entspannen, dem natürlichen Lauf der biologischen Geschehnisse zu folgen und uns von den sexuellen Energien tragen zu lassen. Nur wenn unsere eigenen Hemmungen und Verkrampfungen sich einmischen, wenn wir mit Angst reagieren und dadurch unser sensibles inneres Gleichgewicht verlieren, wird der Zauber der transpersonellen Vereinigung zerstört.

Unser Hauptziel ist deshalb, die feine Kunst zu beherrschen, spontan, verletzlich, ausgeglichen und bewußt zu bleiben, während wir zulassen, daß die instinktiven geistigen Kräfte der sexuellen Liebe uns bis zur völligen Selbstaufgabe überwältigen. Wenn wir dieses Bewußtseinsstadium beim Liebesakt erreichen, beginnen die geistigen Obertöne der sexuellen Liebe in uns einzuströmen.

Das innere Gleichgewicht bewahren

Um diesen Zustand der spontanen Beteiligung an den starken Kräften einer vollkommenen Beziehung zu erlangen und aufrechtzuerhalten, müssen wir lernen, während des Liebesaktes unser Gefühl für das Gleichgewicht zwischen dem inneren und äußeren Punkt unserer Aufmerksamkeit zu bewahren. Ich möchte Sie jetzt mit ein paar Gleichgewichtsübungen bekanntmachen, die ich Sharon lehrte, um ihre visuellen Hemmungen zu überwinden. Vielleicht können auch Sie sie im Rahmen Ihrer intimen Beziehungen anwenden.

Als ersten wichtigen Schritt bat ich Sharon, ein paar Wochen lang einfach zu beobachten, was mit ihr bei einem intimen Kontakt visuell geschieht. «Es ist offenbar immer das gleiche», sagte sie mir danach. «Jedesmal, wenn ich beim Gespräch tiefe Gefühle in mir spüre und dem anderen in die

Augen blicke, stockt mir der Atem. Mein Körper reagiert ganz automatisch so. Ich kann es nicht verhindern, es passiert einfach. Gleichzeitig verengt sich meine Kehle, und in meinem Bauch entsteht eine Spannung. All das verursacht mir ein Schwindelgefühl. Normalerweise lasse ich dann jeden visuellen Kontakt sein und konzentriere mich auf das Gespräch. Wenn ich den Augenkontakt aufrechtzuerhalten versuche, werde ich verlegen, komme aus dem Konzept und verliere den Faden. Je vertrauter mir jemand ist, je mehr ich mich sexuell zu ihm hingezogen fühle, um so stärker ist dieses Verhaltensmuster. Ich bin zum Beispiel mitten in einem Gespräch mit jemandem, den ich gern näher kennenlernen möchte, und plötzlich ist da ein intensiveres Gefühl, und ich gerate völlig durcheinander. Ich fühle mich immer bedroht, wenn sexuelle Energien wach werden. Statt mich in meinem Körper gut zu fühlen, geht es mir plötzlich ganz schlecht.»

Sharon beschreibt einen typischen Angstanfall. Im wesentlichen geht es dabei darum, daß ihr unsicheres Ego fürchtet, durch die Präsenz der anderen Person überwältigt zu werden. Der Philosoph Murray Davis meint dazu, daß das Selbstbild eines Menschen während einer intensiven sexuellen Beziehung nicht mehr als stabil und unveränderlich erfahren wird. «Das Selbst scheint während der sexuellen Erregung formbarer, für Veränderungen offener zu sein. Die psychische Energie, die gewöhnlich die Grenzen der Identität absteckt, ist aufgehoben... Durch die Aufgabe des Abwehrverhaltens, das normalerweise die Integrität der Identität bewahrt, öffnet die sexuelle Erregtheit vorübergehend die Identität für essentielle Veränderungen.»

Psychologisch und auch spirituell betrachtet ist der Grund der Angst, mit jemandem vertrauter zu werden, darin zu sehen, daß wir befürchten, unser Gefühl dafür, wer wir sind, könnte wichtige Veränderungen erfahren. Darin besteht selbstverständlich auch ein Teil der Dynamik der Schamhaftigkeit. Die Angst ist durchaus realistisch, weil die Kraft der sexuellen Energie, die in unseren Körper strömt, tatsächlich groß genug ist, eine Bewußtseinserweiterung zu bewirken, die unsere üblichen Vorstellungen von uns und der Welt für immer verändern könnte.

Die alte begrenzte Ego-Struktur, die wir entwickelt haben, muß die Erfahrung des Sterbens und der Wiedergeburt machen, wenn wir geistig wachsen sollen.

So war Sharons Reaktion auf den visuellen Verkehr, die Angst, ihre Seele bloßzulegen und vorübergehend in Bereiche der Transzendenz vorzudringen, in gewissem Sinn völlig begründet. Sie ist sehr sensibel, was die geistige Präsenz anderer Menschen betrifft, und deshalb sehr schamhaft.

«Ich glaube nicht, daß die vielen Jahre, in denen ich so schamhaft war, vergeudete Jahre waren», sagte sie zu mir gegen Ende der gemeinsamen Therapiearbeit. «Ich mußte mich in vieler Hinsicht erst selbst kennenlernen, ehe ich meine Gefühle mit anderen Menschen teilen konnte. Und ich sehe jetzt, daß ich mein ganzes weiteres Leben damit verbringen werde, weiter zu wachsen.»

Die Frage, mit der wir uns beschäftigen müssen, ist also folgende: Wie können wir am besten die reaktive Angst vor visuellem Verkehr überwinden, so daß wir in der Lage sind, unsere lebenslange Reise zu einem immer tieferen Austausch fortzusetzen?

Wieder hat die Antwort mit dem Atem zu tun. Wenn das Bewußtsein auf den Atemvorgang gelenkt werden kann, sobald der Atem vor Angst stockt, beruhigt sich der Atem, das Gespräch kann weitergehen und auch der innige Augenkontakt kann aufrechterhalten bleiben.

Als ich Sharon vorschlug zu lernen, sich ihres Atems während des Gesprächs und des Blickkontaktes bewußt zu bleiben, erwiderte sie: «Das ist unmöglich. Ich bin so mit den

Worten, den Augen und allem beschäftigt, daß ich für meine Atmung keine Aufmerksamkeit mehr übrig habe.»

Wie sie dann feststellte, muß das in der Praxis nicht unbedingt der Fall sein. Es ist durchaus möglich zu lernen, sich des Atems als zentraler Erfahrung bewußt zu sein und diese Bewußtheit so zu erweitern, daß sie buchstäblich eine Unendlichkeit an äußeren Ereignissen und inneren Gedanken mit einschließt. Das Herzstück aller echten geistigen Pfade ist nämlich die Entwicklung der Fähigkeit, die bewußte Erfahrung vom Kern seines Wesens in alle Richtungen unendlich weit auszudehnen. Diese grundlegende geistige Technik auf die sexuelle Vertrautheit anzuwenden, ist nur eine Dimension des ganzen Prozesses, wie wir in späteren Kapiteln sehen werden.

Wie wir durch mehrere Gespräche herausfanden, hatte mir Sharon folgendes mitzuteilen versucht: Wenn die Angst auf ihr Nervensystem trifft, verkrampft sich ihre gesamte Bewußtheit plötzlich, und dann fällt es ihr unendlich schwer, überhaupt irgend etwas wahrzunehmen. Sie hatte ihr inneres Gefühl für das Selbst-Bewußtsein aufgegeben, um mit einem anderen Menschen Kontakt aufzunehmen, statt an ihrer eigenen inneren Mitte als wichtigstem Punkt festzuhalten und sich von dort aus auszudehnen.

Die psychischen Bedingungen für ein geistiges, gefühlsbetontes Gespräch sind folgende: a) Wir bleiben uns durch den Atem und unsere Ganzkörpererfahrung unserer inneren Mitte bewußt, während wir b) unsere Bewußtheit ausdehnen, bis sie auch die Person, mit der wir es zu tun haben, mit einschließt, wobei wir c) am verbalen Fluß des Gedankenaustauschs teilnehmen.

Was meine Kollegen und ich durch wiederholte Beobachtungen während der Therapiearbeit entdeckt und die spirituellen Meister schon seit mindestens fünftausend Jahren gewußt haben, ist folgender ganz wesentlicher Punkt: Um bei einem Gespräch diese multidimensionale Qualität zu erreichen, müssen wir das bewußte Atmen als Ausgangsbasis nehmen und uns von diesem inneren Kern der Bewußtheit aus ausdehnen, statt es umgekehrt zu versuchen. «Aber das würde heißen, daß ich mich nicht mehr am Gespräch beteilige, um meinen Atem zu finden», beschwerte sich Sharon, «und dann ist die ganze Vertrautheit kaputt, die zwischen mir und meinem Freund vielleicht schon besteht.»

Doch so etwas passiert gewöhnlich nicht. Im Normalfall vertiefen Augenblicke der Stille ein Gespräch, statt es zu ruinieren. Die Methode, die ich Sharon vorschlug, möchte ich auch Ihnen darlegen:

1. Schweigen Sie, wenn Sie merken, daß Sie Ihre innere Mitte verlieren.
2. Lassen Sie den Partner weitersprechen oder mit Ihnen schweigen.
3. Lenken Sie Ihre Aufmerksamkeit bewußt auf Ihren Atem.
4. Stellen Sie wieder eine Verbindung zu Ihren Emotionen und Ihrem Körper in diesem Moment her, und zeigen Sie diese Emotionen auch.

Dieser Zentrierungsprozeß dauert nur ein paar Atemzüge, wenn Sie gelernt haben, ihn zu beherrschen. Sofort nachdem Sie diese Achtsamkeitsverlagerung durchgeführt haben, werden Sie feststellen, daß Ihre Bewußtheit sich ausdehnt, Sie sind wieder im gegenwärtigen Augenblick und bereit, sie noch etwas mehr zu erweitern, um auch Ihren Partner mit einzuschließen.

Lassen Sie mich ein wenig genauer schildern, was passiert, wenn wir unsere Aufmerksamkeit auf unsere Atmung und unseren ganzen Körper lenken. In der Praxis werden fast alle Gespräche vom Kopf gesteuert. Die intellektuellen Funktionen des Bewußtseins überlagern die emotionalen, physischen und geistigen Dimensionen der Wahrnehmung. Vor allem verlieren wir häufig beim Sprechen den Kontakt zur Herzgegend, was einen vertrauten Austausch kurzschlußartig unterbricht. Indem wir unsere Aufmerksamkeit auf die Brustgegend verlagern, wo nicht nur die Lungen sind, sonder sich auch das Herz befindet, stellen wir bewußt wieder die Verbindung zu unserem emotionalen Zentrum in unserem Körper her.

Eine andere wichtige Folge der Bewußtseinsverlagerung auf den Atem ist die, daß sie uns sofort den gegenwärtigen Augenblick zurückbringt. Erinnern Sie sich, daß Gedanken Vergangenheits- und Zukunftsfunktionen unserer Zeitvorstellung sind. Das Atmen aber geschieht allein im gegenwärtigen Augenblick. Sie werden sehen, was ich meine, wenn Sie diese Ausführungen weiterlesen und dabei beobachten, was in Ihnen vorgeht, sobald Sie sich während der Lektüre auf Ihren Atem konzentrieren.

Spüren Sie, wie die Luft bei jedem Ein- und Ausatmen durch Ihre Nase strömt. Erleben Sie die Gefühle in Ihrer Brust und in Ihrem Bauch, während die Muskeln sich ausdehnen, um mit jedem Einatmen Luft in die Lungen zu lassen, und sich zusammenziehen, um mit jedem neuen Ausatmen die Luft hinauszubefördern. Dehnen Sie Ihre Bewußtheit aus, damit sie jede Emotion in Ihrem Körper mit umfaßt, während Sie atmen und lesen. Spüren Sie die herrliche Erfahrung, mit Worten und Gedanken in Ihrem Kopf verbunden und sich gleichzeitig des Atems bewußt zu sein, ja Ihres ganzen Körpers im gegenwärtigen Augenblick und Ihrer Emotionen, alles gleichzeitig, in diesem erweiterten Bewußtseinszustand, in den Sie eben mühelos hinübergewechselt sind.

Der Rhythmus des Atems

In Untersuchungen für die National Institutes of Mental Health haben meine Kollegen und ich nachgewiesen, daß die Angst eine Funktion des Atemreflexes ist, und zwar des Einatmens. Wenn wir erschrecken, atmen wir also automatisch ein, falls die Angst nicht so groß ist, daß uns der Atem stockt. Und ebenso haben wir bei unseren Forschungen festgestellt, daß Aufregungen das Einatmen beeinflussen.

Sicherlich kennen Sie diese Grundreflexe des Menschen aus eigener Erfahrung. Achten Sie bei Ihrem nächsten vertrauten Gespräch darauf, ob Ihr Atem beim Einatmen stockt, wenn Sie leidenschaftlicher werden, die Vertrautheit sich vertieft und die Intensität Ihrer Gefühle und auch die Unsicherheit in Ihnen wächst. Halten Sie die Luft an, so daß es Ihnen schwindlig wird?

Vor allem bei einem intensiven visuellen Verkehr, wenn die aufkommende Leidenschaft uns durch ihre Intensität etwas erschreckt, neigen wir dazu, den Atem anzuhalten. Wenn wir den Atem anhalten, verringert sich der Sauerstoff im Blut sehr rasch, folglich auch im Gehirn, und Kohlendioxyd entsteht. Das Ergebnis ist eine vorübergehende Unausgeglichenheit des grundlegenden biochemischen Haushalts im Gehirn. Das ist die Hauptursache, warum Menschen, die vor visuellem Verkehr Angst haben, sich benommen und unruhig fühlen – sie entziehen sich den Sauerstoff und versetzen ihr ganzes Nervensystem in Panik.

Als ich Sharon dies erklärte, konnte sie viel besser verstehen, warum sie sich während eines intensiven visuellen Austauschs so seltsam fühlte. Und ein paar Wochen später erzählte sie mir: «Ich mußte tatsächlich über mich selbst lachen, als ich mich beim Gespräch mit Ralph dabei ertappte. Ich hielt tatsächlich den Atem an! Und Sie hatten recht – ich war aufgebläht wie ein Ballon, weil ich nicht ausatmete.

Sobald ich es merkte, normalisierte sich alles, und ich atmete wieder.»

Das ganze Universum schwingt in vollkommener Ausgeglichenheit regelmäßig zwischen dem höchsten und dem niedrigsten Punkt, und dies tut auch unser Atem, während wir einatmen und ausatmen, wieder und wieder – das wichtigste Ereignis in jedem Augenblick unseres Lebens. Diese Bewegung der Luft, die einströmt, und der Luft, die ausströmt, und wieder einströmt und ausströmt, bestimmt unsere ganze Existenz, von der Wiege bis zum Grab.

Und auch beim Sexualakt bestimmt diese Form des «Ein und Aus» das Grundverhalten. Achten Sie beim nächsten intimen Verkehr darauf, wie sich Ihr Atem und Ihr Gesäß synchron bewegen.

Im Gespräch muß dieses rhythmische Muster ebenso gewahrt werden, damit eine ausgeglichene Beziehung entsteht. Erst spricht der eine, und der andere hört zu. Dann ist der erste ruhig und aufnahmebereit, so daß der andere sprechen und sich mitteilen kann.

Und auch was den visuellen Verkehr betrifft, ist dies eine wichtige Dynamik einer ausgeglichenen Vertrautheit. Augen können kraftvoll und strahlend sein oder sanft und empfangend. Nichts ist unangenehmer als ein Mensch, der mit seinen Augen immer auf Sendung ist, einen ständig mit seiner Gegenwart bedrängt, niemals sanft und verletzlich wird, so daß man keine Gelegenheit hat, die eigene visuelle Präsenz auszusenden und die Tiefen seiner Seele zu erreichen.

Ich erinnere mich, wie ich vor zwölf Jahren, als ich in den Bergen Westmexikos anthropologischen Forschungen nachging, mit einem weisen Mann der Huichole-Indianer über visuellen Verkehr sprach. Der Mann hatte Augen, wie ich sie noch nie gesehen hatte, manchmal scharf wie die eines Adlers, ihr Blick drang einem bis ins Herz. Dann wieder konnten sie so liebevoll schauen, daß man selbst ganz weich wurde.

«Glauben Sie, daß es tatsächlich eine Kraft ist, eine spürbare Energie, die aus unseren Augen strahlt?» fragte ich ihn einmal.

Er lachte, als hätte ich etwas Komisches gesagt. Aber er gab mir keine Antwort. Er versank in Schweigen, bis er mich schließlich wieder ansah. Ich spürte plötzlich, wie mich eine Leere zu verschlingen drohte. Seine Augen waren wie große Löcher. Nichts war dort zu erkennen. Keiner war zu Hause. Ein Gefühl des Entsetzens beschlich mich, es war wie ein Alptraum.

Dann veränderten sich seine Augen auf einmal, sie blickten voller Kraft, es war, als könnte ich seine Seele in seinen Augen erkennen.

«Wie machen Sie das?» fragte ich schließlich leise.

«Sie werden das Geheimnis nie erfahren, weil Sie nicht gleichzeitig meine Augen und meine Brust beobachten können», erwiderte er mit ernster Stimme.

«Sie meinen, Sie machen es mit Ihrem Atem?»

«Ich mache alles mit dem Atem. Ich dachte, das wüßten Sie inzwischen.» Und während er kraftvoll ausatmete, erhob er sich so leicht, als sei er gewichtslos, und ging davon.

Das kurze, einwöchige Zusammensein mit diesem Mann war für meine therapeutische Arbeit von zentraler Bedeutung. Ich entdeckte zum Beispiel, daß man bei einer visuellen Begegnung am besten während des Ausatmens seine persönliche Energie und Präsenz aussendet und dann während des Einatmens auf Empfang schaltet. Auf diese Weise wird der Blickkontakt sehr schnell äußerst kraftvoll und vertraut, weil er in Harmonie mit dem Atemzyklus pulsiert. Sind wir verkrampft, entweder beim Empfangen oder beim Senden, wird eine intime Begegnung sehr schnell nichtssagend.

Dieses bewußte Integrieren unserer visuellen Ausdrucksweise (senden oder empfangen) in den Wechsel von Ein- und Ausatmen scheint eines der großen Geheimnisse des Lebens zu sein. Und theoretisch ist es ganz einfach. Aber in der Praxis werden Sie entdecken, daß es eine schwierige Aufgabe ist, sich des Atems und des Wechsels des visuellen Ausdrucks bewußt zu bleiben und dabei noch mit jemandem zu sprechen, vor allem, wenn der andere dieses energetische Gesetz der intimen Interaktion nicht kennt und nicht anwendet.

Lassen Sie sich also Zeit, wenn Sie dieses bewußte «Ein und Aus» beim Atmen und beim Blickkontakt üben, während Sie sich mit jemandem unterhalten. Es ist ein lebenslanges Experimentieren. Und geben Sie acht, daß Sie sich nicht zu sehr auf die Technik konzentrieren und dadurch die Spontaneität einer Begegnung beeinträchtigt wird. Ich rate Ihnen, diese Methode nur fünf bis zehn Atemzüge lang bewußt zu üben, dann zu entspannen und Ihre Aufmerksamkeit auf andere Dimensionen des Gesprächs zu lenken. Es ist am besten, die Dinge mit Maß und mit Ziel zu tun.

Ehe Sie diese Methode in einem echten Gespräch anwenden, werden Sie es vielleicht lohnend finden, regelmäßig folgende Übung zu machen, um die Technik beherrschen zu lernen: Sitzen Sie mit geschlossenen Augen da. Richten Sie Ihre Aufmerksamkeit auf den Atem, wie ich es Ihnen erklärt habe. Atmen Sie leicht und mühelos. Spüren Sie, wie die Luft beim Ein- und Ausatmen durch Ihre Nasenlöcher streicht. Erweitern Sie Ihre Bewußtheit, so daß Sie beim Atmen auch der Bewegung in Brust und Bauch gewahr werden. Dehnen Sie Ihre Bewußtheit noch weiter aus, so daß sie, während Sie atmen, auch den ganzen Körper im gegenwärtigen Augenblick umschließt. Dann öffnen Sie die Augen, wobei das Atmen das Wichtigste bleibt. Und nun senden Sie beim Ausatmen Ihre Kraft und Ihr innerstes Wesen in die Welt aus und empfangen beim Einatmen die Welt draußen.

5
Hautnahe
Meditation

Karen und Jim waren seit über einem Jahr zusammen. Anfangs war es eine wunderbare sexuelle Beziehung gewesen, voll von ganz besonderer Zärtlichkeit und gegenseitigem Verständnis. Aber im Laufe der Monate entdeckten sie, daß sich in ihre Beziehung gewisse Gewohnheiten eingeschlichen hatten, die sie zu langweilen begannen. Vor allem Jim stellte fest, daß er sich nach einer anderen Frau sehnte, um jenes ganz bestimmte aufregende Gefühl wiederzufinden, das er bei einer Beziehung brauchte. Karen überlegte beim Liebesakt ständig, was sie wohl falsch machten und was sie tun konnte, um die Leidenschaft wieder zu wecken, die sie noch vor ein paar Monaten füreinander empfunden hatten. Sie war nicht bereit zuzugeben, daß Sex durch Wiederholung immer langweilig wird, aber gleichzeitig befürchtete sie, daß dies wahr sein könnte.

In diesem Kapitel beschäftigen wir uns mit einem faszinierenden Thema: Wie unsere mentalen Gewohnheiten uns beim Liebesakt auf den oberflächlichen Ebenen einer Beziehung festhalten und wie wir lernen können, uns von dieser ständigen Fixierung auf den Verstand zu befreien, um unserem Partner auf tieferen, nicht vom Verstand diktierten Ebenen des geistigen Verkehrs zu begegnen.

Es ergab sich, daß ich an der Universität, an der Karen und

Jim studierten, eine Vorlesung darüber hielt. Karen kam damals zu mir und sagte, sie sei an therapeutischen Sitzungen interessiert, um ihre eigenen mentalen Muster kennenzulernen. Ich hatte damals einen Forschungsauftrag über dieses Thema, und so wurde sie für mehrere Monate meine Klientin und mein Studienobjekt.

Sie stellte sehr bald fest, daß sie tatsächlich fast ständig in mentale Aktivitäten verwickelt war, wenn sie mit Jim im Bett lag, obwohl sie sich für eine leidenschaftlich und hemmungslos Liebende gehalten hatte. Sie analysierte dann regelmäßig, was zwischen ihnen passierte, überlegte, was als nächstes geschehen sollte und was sie eben noch getan hatten. Beide, Jim und sie, waren sehr intelligent und genossen ihre intellektuelle Beziehung. Ihr Problem war, daß sie nicht wußten, wie sie ihre Gedanken abstellen sollten, um sich auf tieferen Beziehungsebenen zu begegnen.

Karen erkannte die Zusammenhänge während einer unserer ersten Sitzungen zum erstenmal ganz klar. Ich versetzte sie in eine leichte hypnotische Trance, damit sie sich an alle Einzelheiten erinnern konnte, und so erlebte sie ihre sexuelle Begegnung von der Nacht zuvor noch einmal.

«Wir machen es wie immer, es ist schon spät, wir haben beide noch gelernt. Er duscht, und ich ziehe mich aus und lege mich ins Bett. Vorher habe ich eine Kerze angezündet. Ich liege nackt da, und tausend Gedanken gehen mir durch den Kopf. Ich denke an das Studium, daran, wie Jim zu mir ist, ob er mich jetzt überhaupt lieben will. Ich weiß es nicht genau. Ich bin ziemlich müde. Plötzlich habe ich ein Gefühl, das mich stört – ein Gedanke durchzuckt mich, es geht so schnell, daß ich ihn kaum erfasse: Bin ich wirklich sexy genug für Jim, und wenn nicht, wird er mich verlassen? Dann überlege ich, was ich mit ihm tun sollte, und ich erinnere mich an unser letztes Zusammensein. Er nahm mich so schnell, daß es für mich überhaupt kein Vergnügen war.

Ich möchte mit ihm reden, ihm sagen, daß wir alles langsamer machen sollten, aber ich fürchte, er mag nicht darüber sprechen. Jetzt kommt er aus dem Bad – nackt. Ich betrachte ihn, und sofort werde ich verlegen, weil er schon groß ist, und gleichzeitig habe ich dieses negative Gefühl. Dutzende von Gedanken sind unter der Oberfläche meines Geistes, ängstliche, sorgenvolle Gedanken. Sein Gesichtsausdruck ist seltsam, ich kann ihn nicht recht deuten, es scheint, als sei er in seiner eigenen Welt. Er blickt mir nicht ins Gesicht, sieht nur meine Brüste an. Er setzt sich aufs Bett und greift sofort nach mir. Als ich nicht gleich reagiere, zieht er sich zurück und kriecht unter die Bettdecke. Wieder rasen Dutzende von Gedanken durch meinen Kopf und sagen mir, ich soll dies tun und das tun, und ehe es mir richtig bewußt ist, spielt sich wieder die gleiche alte Geschichte unter der Bettdecke ab. Wir versuchen uns gegenseitig zu erregen und sind sehr lieb miteinander, aber alles ist wie vorprogrammiert, und als er in mich eindringt, ehe ich soweit bin, stoße ich einen Schrei aus und ziehe mich zurück. Empfindlich, wie er ist, dreht er sich zur Seite. Vielleicht denkt er jetzt, daß er lieber mit dem Mädchen zusammen wäre, mit dem er in der Vorlesung gesprochen hat, daß er von ihr bekommen würde, was er im Bett braucht. Und ich liege auch da und mache mir tausend Gedanken. Es ist fürchterlich. Ich habe das Gefühl, daß es keinen Ausweg gibt.»

Natürlich gibt es einen Ausweg, aber in unserer Kultur bringt man ihn uns nicht bei. Von Jugend an lernen wir, daß es erstrebenswert ist, ständig zu denken. Alles scheint sich darum zu drehen, wie klug man ist, wie schnell man abstrakte Probleme löst, wie analytisch man vorgehen kann.

Und doch wußten schon die alten Griechen, daß das menschliche Bewußtsein vier gleichermaßen wichtige Dimensionen besitzt. Wenn nicht allen diesen Dimensionen gleich viel Aufmerksamkeit geschenkt wird, verarmen wir geistig, und unsere Psyche nimmt Schaden.

Die erste Dimension – die Sinnesempfindungen – ist der große Bereich der ständigen direkten Wahrnehmungen durch Augen, Ohren, Geschmacks-, Geruchs- und Tastsinn. Dies ist die Dimension, die uns erkennen läßt, daß wir als Körper leben. Und es ist natürlich auch die Dimension für den hautnahen sexuellen Kontakt.

Die zweite Dimension – die Gefühlswelt – umfaßt alle emotionalen Programme, mit denen wir geboren werden, wie spontanes Mitgefühl, Angst, Ärger, Schmerz, Glück, Aufregung usw. Unsere Fähigkeit, mit unserem Partner einen direkten Herzenskontakt herzustellen, hängt weitgehend von dieser Bezugsebene ab.

Mit der dritten Dimension der menschlichen Bewußtheit – dem Denken – beschäftigen wir uns aufgrund unserer Erziehung am intensivsten. Es ist die Ebene des logischen, rationalen Stroms unserer Gedanken, die in begrifflichen Mustern symbolischer Bedeutung durch unseren Kopf ziehen. Diese Seite des Geistes befähigt uns, die innersten Gefühle und unsere Sichtweise des Lebens mit dem Partner zu teilen, und spielt selbstverständlich eine existentielle Rolle, aber sie muß im richtigen Verhältnis zu den anderen drei Dimensionen des Bewußtseins stehen.

Die vierte Dimension ist das geheimnisvolle Reich der sogenannten Intuition, die sich auf das direkte geistige Erfassen dessen, worum es im Leben überhaupt geht, bezieht – ein sofortiges Erkennen der tieferen ganzheitlichen Wahrheit aller Dinge, mit denen wir uns beschäftigen. Im intuitiven Reich der Bewußtheit können wir unsere persönliche Wahrnehmung erweitern und zum Beispiel unseren Partner in einem Kontext sehen, der über die individuelle Existenz hinausreicht.

Karen versicherte mir, daß sie dies theoretisch alles wüßte.

Schließlich war sie Psychologiestudentin und hatte viel über Denken und innere Wahrnehmung gelesen. Doch je mehr sie darüber nachdachte, wie sie ihren Geist beruhigen könnte, desto größer wurde ihre Verwirrung. Kein Wunder – ein Geist, der versucht, sich selbst zu beruhigen, ist ein sehr aktiver, sehr geschäftiger Geist.

Verlagerung der Sinneswahrnehmung

Wir alle sind gedankenabhängig. Wir scheinen nach dem Reiz und dem Lärm und der Geschäftigkeit unseres Verstandes süchtig zu sein. Man hat uns gelehrt, daß wir jedes Problem lösen können, wenn wir nur unseren logischen, linearen, analytischen Verstand entsprechend einsetzen. Durch diesen Denkansatz erleiden viele Paare mit ihrer Beziehung bereits Schiffbruch, während sie noch fieberhaft überlegen, wie sie eine größere Vertrautheit erreichen können – und auf diese Weise das Problem durch ihr zwanghaftes Denken noch vergrößern.

Es ist daher unbedingt erforderlich, daß wir als erstes lernen, still zu werden und unseren Verstand abzuschalten, wenn wir bei unseren intimen Beziehungen die Gegenwart des Geistes direkt erkennen wollen. Aber wie?

Die Antwort ist einfach: Wir müssen bewußt lernen, unseren Partner mit allen vier Hauptdimensionen des menschlichen Bewußtseins gleichermaßen zu erfahren.

Die meisten von uns haben große Schwierigkeiten, auf die intuitive geistige Ebene der Bewußtheit direkt hinüberzuwechseln, vor allem beim Liebesakt. Deshalb ist zu Beginn die Wahrnehmungsebene der Sinneseindrücke eher gefragt, da diese bei Menschen, die ständig auf das begriffliche Denken fixiert sind, am leichtesten aktiviert werden kann.

In früheren Kapiteln habe ich schon ein wenig gezeigt, wie man die Sinneswahrnehmungen bei einer sexuellen Beziehung weckt. Jetzt sind wir soweit, uns noch etwas eingehender mit diesem Thema zu beschäftigen, indem wir betrachten, wie Sie sich verhalten, wenn Sie sich mit Ihrem Partner ohne Kleidung im Bett befinden, in buchstäblich «hautnahem» Kontakt. Vergessen Sie dabei aber nicht, daß es nicht darum geht, Ihren denkenden Teil auszuschalten. Er soll nur mit den drei anderen ins Gleichgewicht gebracht werden. Wie wir gesehen haben, gibt es auch beim verbalen Verkehr viele Möglichkeiten des Austauschs, und diese verbale Ebene eines gemeinsamen Lebens ist außerordentlich wichtig. Aber wenn nur diese eine Dimension vorhanden ist, existiert nicht mehr als ein Punkt im Raum. Die Erkenntnisdimension muß um die Sinneswahrnehmung und dann um die Emotionen erweitert werden und schließlich auch die letzte Dimension der intuitiven, spirituellen Vereinigung umfassen, wenn eine Beziehung ihre volle Erfüllung finden soll.

Sie kennen bereits die Grundübung der Bewußtseinsverlagerung auf Ihren Atem, so daß diese Ebene der sinnlichen Wahrnehmung sofort in Ihnen aktiviert werden kann. Und das war auch der erste Schritt, den Karen unternahm, um ihr Liebesleben mit Jim zu verbessern. Sie führte diese einfache Wahrnehmungsübung aus, indem Sie im Bett ihre volle Aufmerksamkeit auf den Atem richtete und die Gedanken lange genug losließ, um sich voll als atmenden, physischen Körper in der Gegenwart zu erfahren.

«Aber nach ein paar Atemzügen regte sich mein Verstand wieder», erzählte sie mir, nachdem sie die Übung mehrmals probiert hatte, «und die Gedanken begannen erneut die Oberhand zu gewinnen. Die Gewohnheit ist zu stark, ich entferne mich immer wieder von meinem Körper und fange an zu denken.»

An diesem Punkt kann man entweder versuchen, meditative Disziplinen zur Konzentration und Beruhigung des Geistes beherrschen zu lernen, oder man macht die nachfolgende Übung, die ich fast allen empfehle, die in einer ähnlichen Situation sind wie Karen:

Seien Sie sich Ihrer Atmung und der dabei entstehenden Bewegungen bewußt, und dehnen Sie Ihre Bewußtheit aus, so daß sie eine Stelle Ihres Körpers, an der Sie ein angenehmes Gefühl spüren, mit umschließt, zum Beispiel in Ihren Füßen, Ihren Fingerspitzen, Ihren Geschlechtsteilen. Wenn Sie Ihren Körper genau prüfen, werden Sie fast immer Regionen finden, wo Sie sich gut fühlen. Und wenn Sie bewußt in dieses gute Gefühl hineinatmen, wird es sich ausdehnen. Dann kommt es oft zu einem Gähnen oder einem intensiven Strecken des ganzen Körpers, und keine Aufmerksamkeit ist mehr vorhanden, um zum Denken zurückzukehren. Dehnen Sie mit jedem Einatmen diese Hülle des Vergnügens und der Zufriedenheit im gegenwärtigen Augenblick aus. Und mit jedem Ausatmen befreien Sie den Geist von allen Spannungen und Ängsten.

Nach ein paar Wochen gemeinsamer Arbeit erzählte Karen mir, was sie bei dieser Übung erlebt hatte. «Ich lag im Bett, atmete bewußt, entspannte mich, brachte mich in Einklang mit meinem Körper, und dann sah ich Jim ins Zimmer kommen. Plötzlich geschah etwas Seltsames. Ich blieb mir meines Körpers bewußt und verlor die Verbindung mit meinem physischen Selbst nicht, während er zu mir trat. Es war unheimlich, aber irgendwie blieb ich mir meines Atems bewußt, und er setzte sich neben mich und schien sich auf das einzustellen, was ich empfand. Er sah mir tief in die Augen, dann betrachtete er meinen Körper, und ich spürte, wie er mich mit diesem Blick in sich aufnahm, statt von meiner Nacktheit nur erregt zu werden. Ich kann es nicht richtig beschreiben. Mir war, als sei ich noch nie mit ihm zusammengewesen. Ich fühlte mich exponiert und verletzlich, und gleichzeitig war mein Körper riesig und voll Kraft. Gewöhnlich tut er den ersten Schritt, aber ich war so eins mit meinem

Körper und sehnte mich plötzlich so nach ihm, daß ich diesmal zum Jäger wurde. Ich spürte eine geradezu animalische Kraft in mir, eine Kraft, die sehr angenehm war und mich dazu trieb, mich auf ihn zu setzen, und ich mußte ihn zu nichts zwingen, denn er schien nur zu gern bereit zu sein, sich mir auszuliefern. Ich drückte ihn hinab und ließ ihn mein volles Gewicht spüren, und einen langen Augenblick verharrten wir unbeweglich. Ich war mir bewußt, daß ich atmete und er in Einklang mit mir atmete. Ich spürte sein Herz unter mir schlagen. Ich war völlig mit meinem Atem beschäftigt, und nachdem er in mich eingedrungen war, blieb ich auf ihm, und er tat etwas, das er noch nie gemacht hatte – er ließ mich auf meine Weise zum Höhepunkt kommen, so wie ich es mag. Es war das erstemal, daß ich es so mit einem Mann gemacht hatte, daß ich so völlig losgelassen hatte und mein Körper von allein wußte, was er brauchte, ohne mir besorgt zu überlegen, was der Mann vielleicht dachte. Und das Seltsame war – Jim gefiel es.»

Nichts tun müssen

Vielleicht ist eines der wichtigsten Dinge, die Paare vergessen, wenn die sexuelle Vertrautheit wächst, einfach tief Luft zu holen und nichts zu tun. Wir sind so damit beschäftigt, alles richtig zu machen, daß wir dabei im Übereifer die Vertrautheit abtöten.

Wir haben auch sehr oft Angst vor dem, was passieren könnte, wenn wir innehalten und für ein paar Augenblicke völlig still sind. Vielleicht erlöschen die Erregung und der sexuelle Reiz völlig, wenn wir aufhören, auf den Orgasmus hinzuarbeiten. Vielleicht kommen unerwünschte Emotionen an die Oberfläche und beeinträchtigen unsere sexuelle Begegnung.

Vielleicht. Aber wenn wir nie eine Pause machen, um es

herauszufinden, werden wir auch nie die Kraft und den Zauber der völligen Stille kennenlernen, während wir nackt und erregt mit unserem Partner zusammen sind. Wir wissen, wie es ist, wenn wir den Höhepunkt erreichen und danach still und ruhig nebeneinanderliegen, weil die Leidenschaft verflogen ist. Aber was würde passieren, wenn wir während des Vorspiels oder sogar mitten im Geschlechtsverkehr innehielten und Stille und Vertrautheit suchten?

«Am Anfang war es ziemlich schrecklich», gestand Karen. «Ich wußte gar nicht, wie schwierig es sein würde, zur völligen Ruhe zu kommen, wenn man sich ständig küßt, berührt, bewegt und nach der richtigen Position sucht, und dazu die körperliche Anstrengung beim Geschlechtsverkehr. Aber ich beschloß, es zu versuchen. Ich kann jetzt mit Jim immer besser reden, und so sagte ich: ‹Laß uns einen Moment ganz still sein. Mal sehen, was wir dann fühlen.› Ich legte mich auf den Rücken und hatte keine Ahnung, worauf ich eigentlich hinauswollte. Er legte sich auch auf den Rücken. Es war ein unglaublicher Augenblick! Ich erkannte, daß der Geschlechtsverkehr immer eine hektische Sache für mich gewesen war. Solange ich etwas tue, habe ich die Kontrolle, ich weiß, was vermutlich als nächstes geschehen wird. Aber während wir Seite an Seite dalagen, ohne irgend etwas zu tun, war mir, als ob sich meine Brust plötzlich weitete, und dann tauchte ich ein in ein Meer von Gefühlen und Wahrnehmungen, wie ich es noch nie erlebt hatte. Ich konnte Jim atmen hören. Ich fühlte, wie seine Haut mich berührte. Ich spürte, wie ich atmete – und plötzlich entspannte sich mein Körper. Eine Spannung, die immer in mir ist, wenn ich mit jemandem zusammen bin, war verschwunden. Es war herrlich. Dann gähnte Jim und streckte sich und lachte in sich hinein, und mein Körper machte das gleiche. Da lagen wir nebeneinander und taten überhaupt nichts! Es war aufregend! Auf einmal merkte ich, wie sich mein Bein über ihn schieben wollte, nicht etwa, weil ich dachte, das sollte ich jetzt tun – mein Bein hatte selbst Lust dazu, ich kann es nicht anders ausdrücken. Und das Gefühl, als meine Haut über seine streifte, als sich mein Schenkel langsam hob und seinen Penis berührte – es war wie der Höhepunkt selbst. Eine solche Sinnlichkeit hatte ich noch nie erlebt – ich war erregt und zugleich entspannt.»

Damit der Sex nicht zur Routine wird

Vermutlich haben wir alle die gleiche Erfahrung gemacht, als wir mit der Liebe anfingen: Wir waren sehr nervös und unsicher, weil wir nicht wußten, wie wir uns verhalten sollten. Um diese Nervosität zu vermeiden, gewöhnten wir uns an, bestimmte Dinge auf eine bestimmte Weise zu tun, weil das beim Geschlechtsverkehr ziemlich erfolgreich war. Wir entdeckten, daß küssen sehr gut war, und auch berühren, und mit der Zeit hatten wir ein ganzes Repertoire von Möglichkeiten zu küssen und zu berühren, das uns helfen sollte, zum angeblich wichtigsten Ziel zu gelangen, zur Ejakulation beim Mann und zum Orgasmus bei der Frau.

Während meiner jahrelangen Arbeit mit Ehepaaren habe ich immer wieder gestaunt, wie routinemäßig das Sexualverhalten bei den meisten mit der Zeit wird. Die Routine schleicht sich unmerklich ein, und bald werden die Gewohnheiten zum Gefängnis, in dem die Partner miteinander leben müssen. Wir tun dies und dann das, und dann dies und das, natürlich mit ein paar Variationen, aber stets ist es eine lineare Entwicklung auf den Höhepunkt zu, mit allmählich immer stärker abnehmender Spontaneität.

Wenn zwei Menschen sich kennenlernen, sich zueinander hingezogen fühlen und anfangen, sich öfter zu sehen, bringen sie unweigerlich die Verhaltensmuster aus früheren Beziehungen in diese neue Beziehung ein. Sie experimentieren, welche alten Gewohnheiten in der Liebe beim neuen Partner auf eine positive Reaktion stoßen, und diese alten funktionierenden Muster werden zu neuen Mustern, die sich mit denen des Partners mischen.

Deshalb ist eine neue Beziehung eigentlich gar nicht so ganz neu, sondern wird nur durch das unbekannte sexuelle Repertoire des neuen Partners und durch spontanes Experimentieren spannend und interessant – bis gemeinsame Muster entstehen, die wieder zur Gewohnheit werden.

Bei einem neuen Partner spontanes sexuelles Verhalten zu wagen, heißt immer, Ablehnung zu riskieren, und da die meisten von uns Zurückweisungen fürchten, neigen sie bei einer sexuellen Beziehung in der Regel völlig unbewußt dazu, jede Spontaneität zu vermeiden. Und schon bald stellen wir fest, daß uns unser Partner langweilt, und obwohl der Grund offensichtlich ist (Mangel an spontaner Freiheit zu erkunden und zu entdecken), erkennen wir ihn nicht.

Die meisten Paare erreichen diesen Punkt – die einen sehr bald, die anderen erst nach einiger Zeit –, an dem die Beziehung nicht mehr aufregend ist. Das ist der Moment einer natürlichen Krise, und es gibt vier grundlegende Lösungen, um mit der Langeweile fertig zu werden.

Die erste Lösung ist, sich einfach mit der Langeweile abzufinden, weil andere Aspekte der Beziehung zufriedenstellend sind oder weil Kinder da sind und deren Glück vorgeht.

Die zweite Lösung ist, Sexzeitschriften zu kaufen, Pornofilme auszuleihen und bewußt zu versuchen, die langweiligen sexuellen Verhaltensmuster durch das Entdecken von Neuem zu ändern.

Die dritte Lösung ist, die Beziehung zu beenden.

Die vierte Lösung ist die, mit der wir uns in diesem Buch

beschäftigen. Wir lernen, das tiefere geistige Gefühl für eine spontane Begegnung zu erweitern, so daß durch das Anzapfen neuer sexueller Energien sich Möglichkeiten für erotische und spirituelle Abenteuer eröffnen.

In diesem Zusammenhang fällt mir eine recht anschauliche Anekdote ein. Der amerikanische Präsident Calvin Coolidge und seine Frau besuchten einmal eine staatliche Musterfarm. Irgendwann trennten sich ihre Wege, jeder besichtigte, begleitet von Reportern, einen anderen Teil der Farm. Mrs. Coolidge blieb beim Hühnerstall stehen und fragte den Farmer, wie oft der Hahn täglich seinen sexuellen Verpflichtungen nachkäme. «Oh, Dutzende von Malen», antwortete der Farmer. Offensichtlich beeindruckt sagte Mrs. Coolidge: «Ach, erzählen Sie das doch bitte dem Präsidenten.»

Als Mr. Coolidge am Hühnerstall vorbeikam und beobachtete, wie der Hahn eine Henne bestieg, berichtete man ihm, was seine Frau gesagt hatte.

«Immer dieselbe Henne?» fragte er dann.

«O nein, Sir», erwiderte der Farmer, «jedesmal eine andere.»

«Ah», sagte der Präsident. «Bitte, erzählen Sie das Mrs. Coolidge.»

Traditionsgemäß wird angenommen, daß bei den Menschen der Mann ein größeres Bedürfnis nach sexueller Abwechslung hat als die Frau. Immer wieder wird daher die Frage gestellt: Ist es für zwei Menschen tatsächlich möglich, einen Zugang zum Sex zu finden, der diesen in ein lebenslanges Abenteuer verwandelt, oder sind alle Beziehungen dazu verdammt, sexuell langweilig zu werden? Kann vor allem der Mann dazu gebracht werden, seinen sexuellen Jagdtrieb zu zähmen und an einer monogamen Beziehung Gefallen zu finden?

Michael Hutchison geht so weit einzuräumen, daß «eine

intelligente, einfallsreiche, sexuell phantasievolle Frau die Aufmerksamkeit, Treue und Liebe eines Mannes zweifellos ein Leben lang erhalten kann. Die Unruhe, die den Mann angeblich alle sieben Jahre packt, kann der eine bereits nach einer Nacht verspüren, den anderen, der glücklich verheiratet ist, überfällt sie nie.» Aber der Autor erläutert nicht näher, warum manche Männer diese Unruhe nicht haben. Und er überläßt den Frauen die Aufgabe, die Aufmerksamkeit, Treue und Liebe eines Mannes ein ganzes Leben lang wachzuhalten, ohne zu erkennen, daß diese Dinge auf Gegenseitigkeit beruhen.

Ob der jeweilige Partner lieber von einem Bett ins andere wechselt oder zu lernen versucht, dieselbe Beziehung anregend zu gestalten – die achtziger Jahre bereiteten der sexuellen Revolution ein jähes und schreckliches Ende. Besonders Aids, aber auch andere durch Geschlechtsverkehr übertragbare Krankheiten wie Herpes genitalis veranlaßten die meisten, auf einen häufigen Wechsel des Sexualpartners zu verzichten. Die Gefahr einer Krankheit wog schwerer als das flüchtige Vergnügen des Partnerwechsels. Und so sind wir heute, ob uns das nun gefällt oder nicht, mehr und mehr gezwungen, aus der sexuellen Beziehung, die wir haben, das Beste zu machen.

Die Bewußtseinshülle sprengen

Das Problem ist, daß wir uns verstandesmäßig als getrennte Wesen sehen, als einzelne Egos, allein im Universum. Diese Fähigkeit, ein Gefühl der getrennten Identität aufzubauen, ist für die Entwicklung eines Kindes zum Erwachsenen natürlich ganz wichtig, ja existentiell notwendig. Schwierigkeiten gibt es nur, wenn wir diese Vorstellung von uns zu wörtlich und zu ernst nehmen.

Bekannte naturwissenschaftliche Bücher wie zum Beispiel

Das Tao der Physik belegen, daß wir in Wirklichkeit keine getrennten Wesen auf unserem Planeten sind. Unser physischer Körper ist eng mit der Außenwelt verflochten. Unser elektromagnetisches Kraftfeld dehnt sich mindestens einen Meter um unseren physischen Körper aus. Die Schwingungen unserer Stimme durchdringen und beeinflussen alles, was sich in unserer unmittelbaren Umgebung befindet. Unsere Handlungen beeinflussen unsere Umwelt und werden von ihr beeinflußt. Unsere Zellen sind in ständigem Austausch mit Millionen, ja Milliarden winziger Organismen, die von unserem Körper kommen und gehen. Und auf der Ebene der Quantenmechanik, der subatomaren Physik, existiert überhaupt keine deutliche Grenze zwischen unserem Körper und dem Universum um uns. Alles ist eins. Jedes Teilchen im Universum beeinflußt alle anderen Teilchen, wie Albert Einstein als erster aufzeigte.

Was geschieht dann eigentlich wirklich, wenn zwei Liebende beieinanderliegen und sich schweigend auf die Gegenwart des anderen einstimmen? Wodurch entsteht das Gefühl, daß sie plötzlich mit dem Partner eins sind, daß sie beide von einer gemeinsamen Hülle des Bewußtseins umgeben sind?

Das ist eine Frage, die der Mensch seit jeher gestellt hat, doch jetzt verleihen ihr einige Naturwissenschaftler in der Nachfolge Albert Einsteins aus ihrer Perspektive eine neue Dimension. David Bohm zum Beispiel, einer der führenden Physiker unserer Zeit, stellt fest, daß die Grundprinzipien der Quantenmechanik nur funktionieren, wenn das Universum als ein unendliches Ganzes selbst ein Bewußtsein besitzt. Biologen wie Lewis Thomas von der Yale University betonen die Möglichkeit, daß unser Planet ein lebender Organismus ist, ein riesiges bewußtes Wesen. Fisch- und Vogelschwärme scheinen ihr eigenes Gruppenbewußtsein zu haben. Und sowohl von einem wissenschaftlichen als auch von einem metaphysischen Standpunkt aus betrachtet, ist es durchaus möglich, daß zwei menschliche Wesen, die durch die Kraft der Liebe und der gegenseitigen Anziehung eins miteinander werden, ihre individuelle Hülle des Bewußtseins so erweitern, daß sie eine einzige größere bilden.

Wie auch die wissenschaftliche oder religiöse Deutung einer solchen Versenkung in den anderen aussehen mag, die innere Erfahrung bestätigt uns nachhaltig, daß wir tatsächlich die Fähigkeit besitzen zu spüren, wie wir mit unserem Partner immer mehr «ein Fleisch» werden, wie es in der Bibel heißt. Unser individuelles Bewußtsein vermag sich zu erweitern und das Bewußtsein unseres Partners innerhalb unseres Gefühls für das Selbst mit einzuschließen.

Manchmal können wir auch ohne jede sexuelle Erregung neben unserem Partner sitzen und dieses Gefühl des Einsseins wahrnehmen. Es ist ein Irrtum anzunehmen, daß eine große leidenschaftliche Energie von einem Körper zum anderen fließen muß, damit wir mit ihm vollkommene Eintracht erreichen. Junge Leute sprengen ihre Bewußtseinshülle manchmal, indem sie nur Händchen halten oder sich in die Augen blicken, wie wir bereits gesehen haben.

Daß dieses Miteinander-Verschmelzen blockiert zu werden scheint, wenn den Geist ein ständiger Gedankenstrom durchzieht, haben wir bereits festgestellt. Umgekehrt wird eine solche Vereinigung gefördert, wenn man den Geist zum Schweigen bringt, indem man sich auf die Wahrnehmungsebene der Wirklichkeit konzentriert. Genauso steht Geschäftigkeit jeder Bewußtseinserweiterung im Weg, während Frieden und Stille sie fördern.

Blicken Sie jetzt auf Ihre letzte Liebesbeziehung zurück, und betrachten Sie sie im Licht der nachfolgenden Fragen.

1. Sind Sie bei Ihren letzten sexuellen Begegnungen dem Verstand verhaftet geblieben, oder können Sie in Schwei-

gen verharren und direkten und längeren sensorischen Kontakt mit Ihrem Partner herstellen?

2. Sind Sie beim Geschlechtsakt ständig beschäftigt und voller Tatendrang, oder holen Sie zwischendurch Luft, liegen nur neben Ihrem Partner und stellen sich ganz auf seine Gegenwart ein?

3. Halten Sie während des Geschlechtsverkehrs die Vorstellung, ein einzelnes Wesen zu sein, aufrecht, oder können Sie die Grenzen Ihres Ego öffnen, so daß Sie von der Gegenwart Ihres Partners durchdrungen werden?

Lassen Sie sich Zeit. Legen Sie das Buch beiseite und entspannen Sie sich. Stimmen Sie sich auf Ihren Atem ein. Erinnern Sie sich an Ihre Beziehung. Denken Sie über diese drei Fragen nach, während Sie Ihre letzte sexuelle Begegnung noch einmal erleben.

Der elementare Hunger

In gewisser Weise ist der Geschlechtsverkehr auch nichts anderes als eine gute Mahlzeit – er befriedigt einen bestimmten Hunger, der im menschlichen Körper ganz natürlich entsteht, indem er das bietet, was man zum Stillen dieses Appetits braucht.

Der Hunger ist eine Erfahrung, bei der wir einen inneren Druck empfinden und gewisse Schritte unternehmen, um ihn auszugleichen. Danach haben wir für eine bestimmte Zeitspanne keinen Hunger mehr. Schließlich aber kehrt er, wie vorherzusehen war, zurück, und wir werden ihn wieder stillen.

Auf dieser fundamentalen biologischen Ebene ist der Hunger nach Sex ein sehr zielgerichtetes Phänomen. Wir haben einen Juckreiz und wollen uns kratzen. Wir spüren einen Druck in den Geschlechtsteilen und wollen ihn beseitigen.

Das Ziel liegt in der Zukunft, und wir streben mit allen Mitteln danach, dieses Gefühl der Erleichterung und Befriedigung zu erreichen. Der gegenwärtige Augenblick ist erst der Kernpunkt unserer Bewußtheit, wenn wir den Orgasmus oder den Samenerguß erreicht haben und uns für einen kurzen Moment in der Seligkeit des Hier und Jetzt befinden, ehe wir uns daraus zurückziehen, weil das Gefühl der Erleichterung verflogen ist.

Auf diese Ebene der sexuellen Interaktion stimmt sich der Verstand am besten ein, weil das Denken, wie wir gesehen haben, ein vergangenheits- und zukunftsorientierter Prozeß des Geistes selbst ist. Sobald der Juckreiz zum Verstand gedrungen ist, fängt dieser an, sich an vergangene sexuelle Erfahrungen zu erinnern, bei denen ein Orgasmus erreicht und der Hunger gestillt wurde. Dank dieser Schatzkammer vergangener Erfahrungen kann sich der Geist künftige Erlebnisse mit ähnlicher Wirkung ausmalen. Er beginnt den Körper zu motivieren, sich in einer Weise zu verhalten, die zu dem gewünschten Ergebnis führt. Ist die Befriedigung erreicht, wechselt der Geist zu einem anderen Hunger über, der sich vielleicht regen könnte. Eine weitere Fixierung auf Vergangenheit und Zukunft wird etabliert, die nun die Aufmerksamkeit auf sich zieht.

Wird der Hunger akut, verändert er sich zu dem, was wir ein dringendes Verlangen nennen. Zwanghaft gieren wir danach, es zu befriedigen. Nichts anderes zählt mehr für uns, als von diesem Verlangen erlöst zu werden.

Dies ist wieder ein Grundverhalten wie bei allen Tieren, sowohl was den Hunger nach Nahrung als auch den nach Geschlechtsverkehr betrifft. Unsere Gene sind so programmiert, daß wir uns am Leben erhalten und fortpflanzen, ganz gleich, in welcher Situation wir uns befinden. Wie Sie sicher schon festgestellt haben, bleiben viele Menschen während ihres ganzen Lebens auf dieser Entwicklungsstufe stehen.

Als menschliche Wesen sind wir jedoch in der glücklichen Lage, dieses animalische Grundmuster von Hunger und Sättigung transzendieren zu können. Wir eliminieren es nicht, sondern verwandeln es, indem wir es auf eine höhere Ebene des bewußten Verhaltens heben. Wir lernen also, diese intensive energetische Ladung, die Hunger in unserem Körper erzeugt, dazu zu verwenden, erweiterte Ebenen der Bewußtheit im gegenwärtigen Augenblick mit Kraft zu versorgen. Das ist eigentlich im Kern die biologische Natur der spirituellen Öffnung.

Aus dieser Erkenntnis heraus verstehen Sie nun sicherlich, warum wir im vorliegenden Buch Möglichkeiten erforschen, wie wir bei sexuellen Beziehungen von einem auf Vergangenheit und Zukunft orientierten Geisteszustand zu einer Bewußtheit im gegenwärtigen Augenblick ohne Zielorientierung hinüberwechseln können. Wir lernen, sexuelle Energien einzusetzen, um uns in spirituelle Umlaufbahnen zu katapultieren, so daß wir das Erlebnis der Ekstase verlängern und unsere Aufmerksamkeit direkt auf das Zentrum der Quelle unseres Hungers lenken.

«Ich sehe das so», sagte ein Freund zu mir. «Als ich jünger war, interessierte mich nur der Augenblick, in dem ich kam. Masturbieren bedeutete für mich, das so schnell wie möglich zu schaffen. Mit den Vorbereitungen dazu mußte man möglichst rasch fertig werden. Als ich dann richtigen Geschlechtsverkehr hatte, wurde ich dieses Verhalten nicht los, ich gierte nach dem großen Schlag, und was vorher passierte, war mir egal. Ich gestehe nur ungern, daß ich lange brauchte, bis ich auch das Vorher zu genießen lernte, bis es mir Spaß machte, sozusagen auf der Ladung zu sitzen. Jetzt bin ich soweit, daß ich den Höhepunkt so lange wie möglich hinausschiebe. Ich möchte mittendrin bleiben in diesem Zauber, solange es geht. Wenn ich komme, ist alles zu Ende. Aber davor gerate ich in reine Seligkeit, in reine Ekstase. Ich brauchte lange, bis ich soweit war, mit diesem intensiven Gefühl umgehen zu können, bis ich in der Lage war, mich dabei zu entspannen und wohl zu fühlen. Damit will ich sagen, daß ich bis zum Höhepunkt kommen und dort bleiben kann. Manchmal ziehe ich mich etwas zurück, dann nähere ich mich wieder und verlängere das Ganze schier endlos. Man behält den Kuchen, obwohl man ihn aufißt. Um das zu beherrschen, braucht man Zeit. Ich fange gerade erst an, den Dreh dabei rauszukriegen.»

Vom Hunger zum Verlangen

Ich finde, Verlangen ist das passende Wort, um die höheren Ebenen der sexuellen Leidenschaft zu beschreiben, die über unsere biologische Grundprogrammierung für die sexuelle Interaktion hinausgehen. Das Verlangen hat selbstverständlich seine Wurzeln in unserem biologischen Hunger nach sexueller Entladung. Aber durch das Verlangen eröffnen sich für die Grundmischung der geschlechtlichen Leidenschaft neue Dimensionen, vor allem die der Liebe, die äußerst wichtig ist, und die des Hungers nach Herzenskontakt und gemeinsamem intimen Gefühlsaustausch.

Unser Verlangen nach jemandem beruht nicht auf dem Drang, einen genitalen Orgasmus zu erreichen oder zu ejakulieren. Verlangen wird erfahren als eine Sehnsucht nach Hautkontakt und danach, daß die emotionale Wand, die uns vom Partner trennt, niedergerissen wird. Verlangen ist letztlich der leidenschaftliche Wunsch, unser Gefühl, ein isoliertes Wesen zu sein, zu verlieren und auf den Schwingen der sexuellen Hingabe in unendliche geistige Bereiche des Seins getragen zu werden.

Der Geschlechtsverkehr wird natürlich vom Akt des physischen Eindringens bestimmt. Im wahrsten Sinn des Wortes gibt es aber auch die Erfahrung eines geistigen

Eindringens. Seltsamerweise ist sie nicht von einer männlich-weiblichen Dynamik bestimmt. Es ist etwas, das gleichzeitig in beiden Richtungen passiert, und zwar in dem Augenblick, in dem beide Partner ihr Herz und ihr spirituelles Selbst für den anderen öffnen. Plötzlich werden aus zwei Bewußtseinshüllen eine einzige. Die Wände des Ego sind durchlässig geworden. Die Grenzen sind verschwunden, zumindest für kurze Zeit.

Diese Ebene der spirituellen Durchdringung und sexuellen Intensität bleibt erhalten, wenn man den Orgasmus hinauszögert und sich dem gegenwärtigen Augenblick der Vertrautheit hingibt. Dies ist der Moment, da die wahre Liebeskunst ins Spiel kommt – nicht in Form von glänzend beherrschten Techniken oder alles überwältigenden Verführungskünsten, sondern in Form eines entspannten Versinkens in das Energiefeld, das entsteht, wenn zwei sexuell erregte Menschen ihre Aufmerksamkeit aufeinander richten und gleichzeitig auf ihr eigenes inneres Zentrum.

Beträchtliche Reife ist notwendig, um diese transpersonale sexuelle Hülle aufzublasen und vor dem vorzeitigen Platzen zu bewahren. Es ist ein magischer Balanceakt, der nie zur Routine wird, da sich jedesmal viele Komponenten dabei verändern. Wir dürfen uns nicht auf vergangene Erfahrungen, sondern genau wie ein Hochseilartist nur auf den Augenblick verlassen.

Wir können in zwei Richtungen fallen, wenn die Hülle platzt. Entweder wir haben einen Orgasmus, der zumindest für eine gewisse Zeit die Intensität der sexuellen Gefühle beendet, oder wir geraten vorübergehend wieder in den Zustand, in dem wir uns vor den leidenschaftlichen Gefühlen befunden haben, und das sexuelle Verlangen verringert sich plötzlich. Jede der beiden Richtungen ist natürlich akzeptabel. Aber wie wir in Kapitel sieben sehen werden, ist das mehrmalige kurzzeitige Zurückweichen vor dem Höhepunkt *die* Methode, um bei einer sexuellen Begegnung größere Tiefe und das vermehrte Fließen der Energien zu erleben.

Wie verhalten Sie sich diesbezüglich? Seien Sie ehrlich sich selbst gegenüber, betrachten Sie Ihre letzten Liebesabenteuer und stellen Sie fest, ob Sie schnell zum Höhepunkt kommen wollen oder ob Sie und Ihr Partner es genießen, die Befriedigung hinauszuzögern, um die feine Energieladung auszukosten, an der Sie zusammen teilhaben.

Eine Beziehung ohne Boden

An einem gewissen Punkt entdeckt ein Paar entweder den unendlichen Zauber, der darin liegt, sich auf die Wonnen vor dem Höhepunkt und die geistige Energie zu konzentrieren, oder die sexuelle Beziehung brennt aus. Zumindest ist dies eine Beobachtung, die ich über lange Zeit hinweg gemacht habe. Den animalischen Hunger nach Sex zu stillen, ist an sich schon für den Menschen eine begrenzte Erfahrung, so daß der Sexualpartner zwangsläufig oft gewechselt werden muß, soll das Interesse erhalten bleiben. Nur wenn der Augenblick vor dem Erreichen des Höhepunkts wirklich erfahren wird, kann es eine gesunde, lebenslange Beziehung geben.

Bei allen spirituellen Techniken, die mit der Sexualkraft arbeiten, geht es im Prinzip darum, die sexuelle Ladung rasch von der Genitalregion des Körpers abzuleiten. Zuerst führt man diese lebendige kreative Energie zur Herzgegend. Dadurch verwandelt sich die Leidenschaft in Mitgefühl. Dann wird diese verwandelte Energie zum höheren spirituellen Zentrum im Kopf geleitet. Wie ich schon erwähnte, gibt es sieben Hauptenergiezentren im Nervensystem des Menschen, und wahres geistiges Erwachen durch sexuelle Liebe geschieht, wenn alle sieben Energiezentren gleichermaßen geladen sind. Dies ist auch der Prozeß, der bei der traditionellen Kundalini-Meditation ohne Geschlechtsverkehr stattfindet.

Während die Sexualkraft im Körper hochsteigt, geschieht noch etwas Erstaunliches, das alle reifen Paare erleben und dem sie sich immer mehr hingeben, wenn sie beim Geschlechtsverkehr diese Erfahrung des Energieflusses machen. Diese Urenergie wird nicht nur als aufsteigend erlebt, als käme sie aus dem zeugenden Schoß der Erde selbst, um Genitalien und dann Herz und Seele zu entflammen, sondern an einem bestimmten Punkt hat man das Gefühl, als würde diese Energie von oben in den Körper fließen – aber nur dann, wenn die Genitalenergie bis zum Herzen gelangt ist.

Diese Dynamik findet sich in fast allen alten spirituellen Traditionen der Welt, bei denen sexuelle und geistige Verwirklichung einander wechselseitig bedingen. Manche Menschen haben dieses Erlebnis einer allumfassenden Energie schon bei ihren ersten sexuellen Begegnungen, verlieren aber später wieder diese Fähigkeit, eins miteinander zu werden. Vielen Paaren gelingt es niemals, ihr zielorientiertes Verhalten wenigstens vorübergehend aufzugeben, um diese Erfahrung zu machen. Viele Paare schaffen es manchmal zufällig, dieses herrliche Gefühl des Erwachens des ganzen Körpers und den wahren Orgasmus zu erleben, ohne recht zu wissen, was da eigentlich geschieht und wie sie diese Erfahrung wiederholen können. Und natürlich gibt es einige Paare, die bewußt den gemeinsamen sexuellen Tanz tanzen lernen, und zwar so, daß sie bei ihren sexuellen Erlebnissen regelmäßig auch geistige Erfahrungen machen.

Eines ist allerdings klar: Die tieferen Dimensionen der geistigen Vereinigung während des Geschlechtsverkehrs entdeckt man am besten, wenn man lange mit demselben Partner zusammenbleibt, und zwar deswegen, weil es ein so weites Gebiet zu erkunden gibt und man den Partner sehr gut kennen muß, um in neue Regionen vorstoßen zu können. Die Ebene des gegenseitigen Vertrauens bestimmt die Ebene der Erweiterung des Bewußtseins. Und diese wiederum liegt unserer Fähigkeit zugrunde, unsere getrennte Identität im gegenwärtigen Augenblick völlig aufzugeben.

Um geistige Seligkeit und Einswerdung bei einer sexuellen Begegnung zu erreichen, braucht man nichts anderes zu tun, als eine Zeitlang bewußt die Grundprinzipien zu erforschen, die bereits dargelegt wurden:

1. Seien Sie sich vor und während des Geschlechtsverkehrs Ihres Atems als des zentralen und wichtigsten Punktes Ihrer Aufmerksamkeit bewußt.

2. Das Ausatmen soll gleich dem Einatmen sein, damit Sie sich nicht zu sehr aufladen und zu schnell kommen müssen.

3. Halten Sie selbst mitten in der größten sexuellen Leidenschaft regelmäßig inne, und entspannen Sie sich, damit Sie wieder Ihr inneres Zentrum erreichen und die Hülle Ihres Bewußtseins auf Ihren Partner ausdehnen können.

4. Statt Ihre Aufmerksamkeit auf die genitale Stimulation zu richten, lenken Sie sie regelmäßig zur Herzgegend hinauf, so daß kreative sexuelle Energie zu Ihren höheren Energiezentren strömen kann.

5. Denken Sie bewußt daran, sich der mystischen Erfahrung zu öffnen, wenn Licht und Energie von oben durch Ihren Kopf, Ihr Herz, durch Genitalien und Füße fließen, so daß die Erdenergie und die spirituelle Energie in Ihnen ausgeglichen sind.

6. Versuchen Sie so gut wie möglich, sich stets Ihrer selbst und Ihres Partners bewußt zu sein.

7. Statt den Atem in Erwartung des geschlechtlichen Vergnügens und der sexuellen Befriedigung anzuhalten, ent-

spannen Sie Ihren Atem und dehnen Sie ihn bis zu einer geistigen Erfahrung aus.

In den kommenden Tagen und Monaten, ja in den kommenden Jahren können Sie diese grundlegenden Leitlinien in Ihrem Liebesleben verwirklichen und Ihre beseligenden Erlebnisse vor dem Orgasmus ausdehnen.

6
Ekstase
ohne erotische
Phantasien

Ursula und Joshua liebten sich sehr und schmiedeten schon Heiratspläne. Doch etwas in ihrem Liebesleben quälte Ursula, sie fand es falsch, konnte es aber auch nicht ändern. Beim Geschlechtsverkehr pflegte sie an einem bestimmten Punkt ins Land der Phantasie abzuschweifen, statt voll und ganz mit Joshua im Hier und Jetzt zu sein. Ähnliche Phantasien hatte sie als Teenager gehabt, als sie lernte, sich selbst Vergnügen zu bereiten – sie tat dann so, als habe sie Sex mit einem idealen Liebhaber. Sie hatte mit Joshua über ihre Phantasien gesprochen, und zu ihrem Erstaunen hatte er das als sehr aufregend empfunden. Er erzählte ihr, daß er es genauso mache, daß für ihn Sex ohne erotische Phantasien undenkbar sei. Doch Ursula spürte, daß diese Phantasien beim Geschlechtsverkehr sie und Joshua daran hinderten, sich auf Ebenen zu begegnen, nach denen sie sich immer mehr sehnte. Ihr Problem war, daß sie nicht wußte, wie sie von dieser so tief in ihr verwurzelten Gewohnheit loskommen sollte.

Dieses Kapitel wird wahrscheinlich so manchen verblüffen, da es von den allgemeinen Ansichten über Sex ziemlich abweicht.

Bis zu einem gewissen Punkt gehören erotische Phantasien natürlich zum sexuellen Repertoire. Es stimmt auch, daß

Menschen, die ernsthafte sexuelle Hemmungen haben, dank erotischer Phantasien leidenschaftliche Gefühle vor und während des Geschlechtsakts in sich wecken können. Aber ich möchte hier klarstellen, daß ab einem bestimmten Moment nicht nur das Gespräch aufhören und der ständige Strom der Gedanken beruhigt werden muß, sondern auch alle Phantasien – genau wie Drogen – aufgegeben werden müssen, will man eine spirituelle Vertrautheit beim Liebesakt erreichen.

Ursula berichtete aus eigener Erfahrung, wie erotische Phantasien sie daran hinderten, die ersehnte Ebene des Einswerdens mit dem Partner zu erlangen. «Als ich mich in Joshua veliebte, hatte ich natürlich viele Tagträume und Phantasien. So war das immer bei mir. Ich nehme an, das liegt daran, daß ich zwischen zwei Beziehungen in den Nächten allein war und mich tröstete, indem ich mich selbst befriedigte. Masturbieren ist für mich fast nur eine Frage der erotischen Phantasie, ich brauche mich kaum zu berühren, um erregt zu werden. Aber wenn ich dann im wirklichen Leben jemandem begegne, der mich erregt, steigen dennoch erotische Tagträume in mir auf. Halb bin ich in der Gegenwart, spüre den Körper meines Freundes, seine Berührungen, sein Eindringen und alles, und halb bin ich in meiner Phantasiewelt und stelle mir vor, wie ein idealer Liebhaber auf mir liegt und in mir ist. Diese alten Phantasien tauchen zusammen mit neuen Variationen jedesmal auf, wenn ich mit jemandem ins Bett gehe. Man könnte direkt sagen, daß ich süchtig danach bin. Selbst dann, wenn ich einen Mann wie Joshua in meinen Armen halte, den ich sehr liebe, schweife ich, während die Intensität unseres Liebesspiels wächst, in meine innere Phantasiewelt ab. Und wenn ich dann schließlich den Höhepunkt erreiche, trete ich einfach weg. Der Mann, mit dem ich vor Joshua zusammen war, beklagte sich darüber und sagte, er spüre das ganz genau. Ich glaube, das ist zum Teil der Grund, warum er mich verließ. Jetzt habe ich einen Mann gefunden, der das gleiche tut, der auch wegtritt – und diesmal bin ich es, die das nicht mag.»

Ursula hatte in ihrem Liebesleben einen kritischen und sehr aufregenden Punkt erreicht. Sie war sich ihrer chronischen mentalen Verhaltensmuster beim Geschlechtsverkehr bewußt geworden und wollte sich von ihnen lösen. Die Erkenntnis, daß man über die erotischen Phantasien hinausgehen muß, zeugt davon, daß man in seinem sexuellen Wesen eine große Reife erreicht hat.

Ganz gleich, wo Sie hinsichtlich der Bewußtheit Ihrer mentalen Gewohnheiten stehen, werden Ihnen die nachfolgenden Darlegungen sehr nützlich sein können. Wir werden genauer betrachten, wie der menschliche Geist funktioniert, wenn er phantasiert. Und wir werden auch untersuchen, wie wir anfänglich unsere Technik erworben haben, uns mit erotischen Phantasien zu stimulieren, damit wir klar erkennen, wie diese Phantasien in unserem Geist transzendiert werden können, wenn wir mit unserem Partner voll und ganz jeden Augenblick der Gegenwart erleben wollen. Dies ist ein schönes Thema, denn sowohl das Schwelgen in erotischen Phantasien als auch das darüber Hinausgehen sind äußerst befriedigende Erlebnisse.

Frühkindliche Erregung

Bei einem Kind beginnt das Phantasieren schon früh, meistens zusammen mit der Fähigkeit zu sprechen, etwa im Alter von zwei Jahren. Ich habe dies bei meinem zweiten, jetzt zweieinhalbjährigen Sohn beobachtet, dessen Fähigkeit, sich etwas in Gedanken auszumalen, bereits beachtlich ist. Er ist zum Beispiel erst viermal im Leben geflogen, das letztemal vor mehr als einem Jahr, und doch spielte er heute morgen, als wir im Wohnzimmer nebeneinander in einem

Sessel saßen, Flugzeug und flog mit ausgebreiteten Armen über den Himmel. Das Vergnügen, das er dabei empfand, war vielleicht nicht so intensiv wie die sexuellen Freuden, die er später einmal erleben wird, aber dennoch riß ihn die Begeisterung minutenlang mit.

Diese Fähigkeit, sich etwas vorzustellen, haben wir nicht gelernt. Sie entsteht natürlich und spontan in der menschlichen Psyche, ein geistiges Phänomen, das der ganzen Struktur des Bewußtseins selbst zugrunde liegt. Unsere Fähigkeit zu denken erfordert, daß wir uns an vergangene Erfahrungen erinnern und sie auf künftige Möglichkeiten projizieren können. Das Phantasieren ist also nichts anderes, als Erinnerungsbilder in Gegenwartsvorstellungen umzuwandeln. Und der Mensch hätte nicht die Kraft, mit Problemen fertig zu werden, wenn er nicht diese angeborene genetische Fähigkeit besäße, sich etwas vorstellen zu können. Unser Überleben hängt davon ab.

Schon vor der Pubertät ist unsere ekstatische Erlebnisfähigkeit bereits ziemlich beachtlich. In der Pubertät scheint sich dann das Vermögen des Nervensystems, eine ganzkörperliche Erregung zu verursachen, auf die Region der Genitalien zu konzentrieren. Und doch kann das Erlebnis einer Ekstase vor der Pubertät so stark sein wie die sexuelle Erregtheit eines Erwachsenen. Man braucht Kinder nur beim Spielen zu beobachten, um zu erkennen, wie aufgeregt und euphorisch sie werden können, wenn man ihnen nur halbwegs die Gelegenheit dazu gibt. Ich wohne gegenüber der Volksschule unserer Gemeinde, und der Lärm, der in der Pause vom Hof herüberdringt, ist voll ekstatischer Rufe und Schreie und Lachen – wahrhaftig eine präerotische Kakophonie von Menschen in einem Zustand extremen Vergnügens.

Sie haben als Kind sicherlich auch hin und wieder heftige Erregung verspürt. Schauen Sie zurück, und erinnern Sie sich daran, wie sich Ihr Körper anfühlte, wenn Sie aufgeregt wurden. Hatte dieses Gefühl auf irgendeine Weise Ähnlichkeit mit sexueller Erregtheit?

Sexuelle Gefühle vor der Pubertät

Ein Kind kann schon sehr früh heftige sexuelle Gefühle haben. Es ist ein großer Irrtum anzunehmen, daß Kinder vor der Pubertät keine sexuellen Gefühle oder Phantasien haben. Kleine Jungen bekommen durchaus eine Erektion und sind im Genitalbereich äußerst sensibel, und kleinen Mädchen, die in einer relativ freien Umgebung aufwachsen, macht es großen Spaß, in aller Unschuld die Klitoris zu streicheln.

Die große sexuelle Verwandlung, die mit der Pubertät eintritt, bedeutet deshalb keine völlige Veränderung der Vergnügensmuster der Kinder, sondern eher die Entwicklung der Fähigkeit, einen genitalen Orgasmus zu erreichen, schwanger zu werden, zu ejakulieren, eine sexuelle Erregung aufzubauen und durch die Geschlechtsteile zu befriedigen.

Lange vor der Geschlechtsreife haben Kinder schon die Grundlagen für ihre erotischen Phantasien geschaffen, indem sie die Erwachsenen in ihrer Umgebung dabei beobachten, wie sie sexuell erregt werden und sich nach bestimmten Mustern verhalten, die zur Befriedigung führen. Kinder im Alter von sechs, sieben Jahren haben schon ein beträchtliches Wissen über die Sexualität. Sie haben gesehen, wie die Mutter den Vater oder Freund küßte. Sie haben mitbekommen, wie Menschen in ihrer Gegenwart erregt und sexuell unruhig wurden. Und viele Kinder haben heimlich und verbotenerweise intensives sexuelles Vorspiel oder sogar einen vollen Geschlechtsverkehr mitgekriegt. Das Sexualverhalten der Erwachsenen in der Umgebung eines Kindes wird weitgehend die Art der Phantasien bestimmen, die ein Kind entwickelt.

Manche Eltern drücken ihre sexuellen Gefühle in Gegenwart der Kinder offen aus. Andere verheimlichen vor ihnen alle Gefühle und Aktivitäten, die mit sexueller Erregung und Befriedigung zusammenhängen. Untersuchungen haben gezeigt, daß Eltern, die ihre sexuellen Handlungen verbergen, sich ihrer Sexualität schämen und deswegen Schuldgefühle haben, Kinder großziehen, die voller Phantasien über verbotenes sexuelles Verhalten sind. Kinder gehemmter Eltern neigen dazu, als Erwachsene übermäßig zu onanieren, Pornographie zu brauchen und – nach meinen Beobachtungen als Therapeut – beim Geschlechtsverkehr nicht ohne Phantasievorstellungen auskommen zu können.

Erinnern Sie sich noch, welche Erfahrungen Sie als Kind in dieser Beziehung gemacht haben? Konnten Sie schon früh im Leben beobachten, wie eine natürliche, ungehemmte sexuelle Beziehung aussieht, oder mußten Sie heimlich versuchen, die Teile des sexuellen Puzzles zusammenzusetzen, und schufen Sie so in Ihrer Phantasie ein irgendwie verzerrtes Bild?

Nehmen Sie sich die Zeit, und tauchen Sie erneut in Ihre Erinnerung ein, um wieder zu erleben, wie Sie als Kind verbotene Dinge sahen, wie Sie entdeckten, was Erwachsene so alles tun, wie Sie durch heimliche oder offene sexuelle Aktivitäten in ihrer Umgebung erregt wurden.

Tagträume während der Pubertät

Für die meisten von uns waren alle sexuellen Erfahrungen während der Pubertät reine Phantasieprodukte. Nur wenige von uns erhielten ausreichende sexuelle Aufklärung oder eine entsprechende praktische Erziehung. Unsere Eltern und die Gemeinschaft verboten strikt jede offene sexuelle Aktivität. Um es ganz offen zu sagen: Unsere Gesellschaft hat vor der natürlichen sexuellen Energie, mit der wir alle geboren werden und die wir während der Pubertät ausdrücken wollen, eine geradezu tödliche Angst. Michael Hutchison trifft den Nagel auf den Kopf, wenn er schreibt: «Amerika ist sexbesessen. Es besteht kein Zweifel – das Leben der Amerikaner ist durchtränkt von Sexualität. Unser Leben, unsere Gedanken sind ‹sexualisierter› denn je zuvor. Aber das heißt nicht, daß es uns gefällt. Das Ergebnis ist eine einzigartige kulturelle Schizophrenie, die uns veranlaßt, die meiste Zeit in einem Zustand sexueller Erregung zu verbringen, während wir so tun, als mißbilligten wir genau das, was uns erregt.»

Die Heranwachsenden in unserer Kultur sind überfüttert mit sexuellen Bildern und Reizen. Das Fernsehen bestärkt noch unser Verlangen nach verkappten pornographischen Anreizen. In den Schulen wimmelt es von Kindern, die Rollenmodelle aus dem Fernsehen imitieren und versuchen, bereits mit zehn Jahren oder sogar noch früher erwachsen und sexy zu sein.

Wie psychologische Untersuchungen belegen, ist es durch diese Verschiebung von realen Erfahrungen hin zu Medienerfahrungen im letzten Viertel unseres Jahrhunderts zu einer Abflachung des Vorstellungsvermögens des menschlichen Geistes gekommen. Und dieses niedrigere Niveau der sexuellen Phantasien dürfte auch zu einem niedrigeren Niveau der sexuellen Freuden führen.

In dieser Situation können wir mehr als dankbar sein, daß es eine Ebene des Bewußtseins gibt, die über Vorprogrammierung und Phantasien hinausgeht, und natürlich auch über die Grenzen einer vom Fernsehen bestimmten Mentalität. Wie wir gesehen haben, ist dies der Bereich der mystischen Bewußtheit, in dem wir durch die Sexualkraft den ewig gegenwärtigen Augenblick erleben können. Ein großes Anliegen meines Buches ist es, einen Ausweg aus der Geistesverfassung zu zeigen, die uns durch den mechanischen, kommerzialisierten, kraftlosen Zustand unserer kulturellen Umgebung aufgezwungen wird. Es besteht absolut kein

Grund, ein Opfer der Gehirnwäsche durch die Medien zu bleiben.

Seltsamerweise transzendieren Kinder in der Pubertät häufig ganz spontan die Langweiligkeit der kulturellen Programmierung ihrer Phantasie, sogar noch ehe sie Geschlechtsverkehr haben und die verwandelnde Kraft des Orgasmus kennenlernen. Während meiner Therapiearbeit habe ich Klienten oft durch eine leichte hypnotische Trance und die Rückführungstechnik dazu gebracht, ihre Phantasien, die sie während der Pubertät hatten, noch einmal zu erleben, und war von dem explosiven und geradezu mythisch-mystischen Inhalt dieser Erlebnisse beeindruckt.

Einer meiner Klienten schilderte mir kürzlich dieses Erlebnis der Verwandlung während der Pubertät mit folgenden Worten: «Ich lag nachts im Bett, ich war ungefähr elf, glaube ich, und gab mich ganz meiner neuen Gewohnheit hin, mir vorzustellen, wie ich es mit Mädchen trieb, die ich von der Schule her kannte. Aus irgendeinem Grund hatten diese Phantasievorstellungen in jener Nacht eine größere Wirkung als sonst. Vielleicht lag das am Ausstoß neuer Sexhormone, jedenfalls spürte ich zum erstenmal eine wilde sexuelle Energie durch meinen Körper strömen. Und während ich meinen Penis unter der Decke streichelte und davon träumte, die Brüste eines bestimmten Mädchens zu berühren, hatte ich das Gefühl, als sauste eine Rakete mein Rückgrat hinauf, und ohne daß es mir völlig bewußt war, spritzte irgendwelches Zeug aus meinem Penis – und genau in diesem Moment sah ich weißes Licht und erlebte für lange Augenblicke reine geistige Glückseligkeit. Erst jetzt im Rückblick erkenne ich, daß das, was ich heute in tiefer Meditation erlebe, das gleiche ist, was ich spürte, als ich zum erstenmal onanierte.»

Genau dahin führen uns die Phantasievorstellungen in unserer Kindheit – zur ersten Begegnung mit der spirituellen Kraft des Lebens. Plötzlich aktivieren die Phantasievorstellungen sexuelle Energien, die die Hülle unserer persönlichen Wirklichkeit vorübergehend wegsprengen, und wir dehnen uns im weißen Licht der sexuellen und mystischen Verwirklichung bis in die Unendlichkeit aus.

Auf diese Weise entdecken wir in der Pubertät oder etwas später, wenn wir bewußt den Orgasmus erleben, daß es einen Weg in die Freiheit gibt, der unser eigenes konditioniertes Selbst transzendiert.

Blicken Sie jetzt auf Ihre eigenen Erlebnisse während der Pubertät zurück, als Ihre aufblühende sexuelle Phantasie explosive Energien und Visionen in Ihrem Geist weckte. Ich empfehle Ihnen, Ihre Fähigkeit, die Vergangenheit wiederzuerleben, regelmäßig zu üben. Ihre Erinnerungen werden immer intensiver und lebhafter werden. Auch in dieser Hinsicht macht Übung den Meister. Und wenn Sie sich in Ihre frühen sexuell-spirituellen Erfahrungen einklinken, so bedeutet dies, daß sofort die Kraft und Klarheit Ihres einstigen Selbst wiedererstehen.

Stellen Sie fest, welche Erinnerungen zwanglos und spontan in Ihrem Geist auftauchen, während Sie sich für ein paar Minuten entspannen. Konzentrieren Sie sich auf den Atem, Ihren Freund und Anker in jedem gegenwärtigen Augenblick, und richten Sie die Kraft Ihrer Aufmerksamkeit zurück auf Ihre ersten sexuellen Erfahrungen während der Pubertät, als Ihr Nervensystem plötzlich von einem biochemischen Hormonsturm in Aufruhr gebracht wurde, so daß Ihr Geist und Ihr Körper zu einer neuen Ebene der Bewußtheit und der Gemeinschaft mit dem Göttlichen in Ihnen und um Sie erwachten.

Ihre liebsten sexuellen Tagträume

Die Phantasien der Menschen scheinen unbegrenzt, wenn es um Dinge geht, die sie sexuell erregen. Viele Erwachsene bleiben zum Beispiel auf Erlebnisse in ihrer frühen Kindheit fixiert, die sie in einen Zustand äußerster Erregung versetzten, wie etwa Schläge des Vaters oder der Mutter, leidenschaftliche Ausritte zu Pferd, gefährliche Begegnungen jeder Art oder die Faszination von Gebrauchsgegenständen des Geschlechtsverkehrs.

Wir lassen unsere Phantasie wandern, weil das gute Gefühle in uns auslöst. Wenn wir ein angenehmes oder aufregendes Erlebnis in der Realität haben, können wir es jederzeit anzapfen, um mehr Anreiz und Vergnügen zu verspüren, einfach durch die Erinnerung an dieses Erlebnis. Und fast immer beginnt unsere Phantasie mit diesen tatsächlichen Erinnerungen zu spielen, vermischt sie mit anderen ähnlichen Erinnerungen, so daß sie in unserem Geist zu einem neuen Phantasiegebilde werden.

Es ist eine altbekannte Tatsache, daß der Mensch im Leben immer das Angenehme haben möchte. Dies ist eine genetische Programmierung von großer Bedeutung, nicht nur was die sexuellen Beziehungen angeht, sondern auch alle Aspekte des Alltags. Unser ganzes Leben beruht auf Gewohnheiten, die uns helfen, unangenehme und traumatische Gefühle zu verbannen und uns bis zu einem gewissen Grad befähigen, stimulierende und angenehme Gefühle hervorzurufen.

Selbst wenn wir im wirklichen Leben gelangweilt oder depressiv sind, können wir durch den Zauber der Phantasie in uns Vorstellungen wecken, die uns ein gutes Gefühl geben. Wir können auf diese Weise sogar eine sexuelle Erregung in uns erzeugen, die wir dann durch Onanieren oder Geschlechtsverkehr befriedigen. In dieser Beziehung ist die Phantasie unser bester Freund – es ist eine Dimension des Lebens, über die wir selbst bestimmen und die uns in dieLage versetzt, bezüglich unseres Wohlbefindens und unserer Lebensfreude etwas freier und von anderen weniger abhängig zu sein.

Solange ein Mensch jedoch nicht hochneurotisch ist oder voller Lebensangst, wird er das reale Erleben der Phantasie vorziehen. Auch das Essen einer guten Mahlzeit ist letzten Endes befriedigender, als sich die Genüsse nur vorzustellen, und ein wirklicher Geschlechtsverkehr ist befriedigender, als sich ihn nur auszumalen.

Wenn Sex nicht mehr ist als das, was uns viele Fachleute in den letzten Jahrzehnten haben glauben machen wollen, dann wären Masturbation und erotische Phantasien genauso gut wie eine wahre menschliche Begegnung, um sexuell Befriedigung und Erfüllung zu finden. Wird der Sex nur unter dem Blickwinkel betrachtet, eine energetische Aufladung loszuwerden, ist Onanie großartig und weit weniger kompliziert als eine zwischenmenschliche Beziehung.

Aber wie Sie in diesem Buch gesehen haben und auch selbst wissen, ist Sex weit mehr als geschlechtliche Befriedigung. Er ist eine Begegnung, die uns verwandelt, die uns über uns selbst hinausträgt und uns mit der Wirklichkeit hinter den Grenzen unseres Ego in Berührung bringt.

Haben wir den richtigen Stellenwert der Phantasie erkannt und bestimmt sie nicht mehr unser Leben, dann vermag sie großes Vergnügen zu bereiten, und man kann zur richtigen Zeit auch auf sie verzichten.

Jetzt wollen wir Ihre Lieblingszeiten und -orte für sexuelle Tagträume und auch den Inhalt Ihrer erotischen Phantasien erforschen. Zum Schluß des Kapitels möchte ich Ihnen Methoden aufzeigen, mit deren Hilfe wir bewußt über unsere Phantasien hinausgehen können, wenn wir möchten.

Wo und wann entschwinden Sie in sexuelle Wachträume? Auf dem Nachhauseweg von der Arbeit, im Wagen, im Bus oder in der U-Bahn? Haben Sie Phantasien, ehe Sie einschlafen? Legen Sie sich ins Bett und malen sich Dinge aus, um sich selbst zu befriedigen? Ertappen Sie sich dabei, wie Sie mitten im Geschlechtsverkehr erotische Phantasien haben?

Lassen Sie die letzten Tage Revue passieren, und stellen Sie fest, wo und wann Sie innerlich in sexuellen Träumen schwelgten.

Alte Flammen, die weiterbrennen

Die meisten Menschen hatten in ihrer Vergangenheit sexuelle Begegnungen, die sehr schön waren, und es macht ihnen Spaß, sich lebhaft daran zu erinnern, um sich sexuell zu stimulieren. Häufig tauchen während des Geschlechtsverkehrs alte Liebhaber in der Vorstellung auf, wie Geister, die das Schiff noch nicht verlassen haben.

Dies ist eine äußerst wichtige Sache, der man auf den Grund gehen muß. Wie sollen wir mit schönen erotischen Erlebnissen der Vergangenheit umgehen und mit Partnern, die auf vielen Ebenen der Vertrautheit in Einklang mit uns waren? Müssen wir versuchen, sie aus unserem Geist und unseren Phantasien zu verbannen, damit wir das Gefühl haben, uns unserer neuen Liebe gegenüber loyal zu verhalten? Oder sollen wir die Erinnerung an sie pflegen und sie in unseren Phantasievorstellungen lebendig erhalten?

«Lange Zeit fühlte ich mich von Judy völlig beherrscht», erzählte mir ein Bekannter eines Abends. «Sie erinnern sich, wie sehr ich sie liebte. Ich dachte, sie sei die einzig Richtige für mich, und dann war sie weg. Ich hatte noch nie jemanden so geliebt. Und ich hatte auch noch nie mit einer Frau solchen Sex gehabt. Es brach mir beinahe das Herz. So schlimm war es bisher bei keiner Frau gewesen. Gewöhnlich bin ich es, der dem anderen weh tut. Nachdem sie gegangen war, lag ich oft da und stellte mir vor, sie sei noch bei mir. Manchmal genoß ich diese Vorstellung in meiner Einsamkeit sehr. Dann lernte ich Angie kennen und verliebte mich in sie, aber Judy war mir immer noch nahe. Mitten im Geschlechtsverkehr ertappte ich mich dabei, daß ich mir vorstellte, Angie sei Judy.

Ich erzählte Angie erst davon, als ich Judy überwunden hatte. Ich versuchte Judy aus meiner Erinnerung auszulöschen, aber sie tauchte immer wieder unmittelbar vor dem Höhepunkt auf, wenn ich mich ganz meinen überwältigenden Gefühlen überlassen wollte. Schließlich suchte ich sie noch einmal auf. Irgendwie war damit alles erledigt. Jetzt denke ich noch oft an sie und an die schöne Zeit, die wir zusammen verbrachten. Aber sie gehört der Vergangenheit an, und ich kann ganz bei Angie sein.»

Wie ist das bei Ihnen? Haben Sie einen oder zwei frühere Partner, die Ihre Vorstellungswelt beherrschen, und falls ja, wie gehen Sie mit ihnen um? Haben Sie manchmal Schuldgefühle, wenn dieser alte Partner, diese alte Flamme, Ihren augenblicklichen Sexualpartner überlagert? Sind Sie manchmal allein im Bett und erinnern sich an alte sexuelle Erlebnisse mit jemandem aus Ihrer Vergangenheit?

Erinnern Sie sich an dominante Menschen aus Ihrer erotischen Vergangenheit, die Ihnen immer noch in den Sinn kommen. Ergründen Sie auch, wie Sie sich fühlen, wenn sie in Ihrer neuen Liebesbeziehung auftauchen, falls Sie gerade eine haben.

Die Erinnerung
an eine idyllische Szene

Oft drehen sich die Phantasien auch nicht um bestimmte Personen aus der Vergangenheit, sondern um eine bestimmte Situation oder Szene, bei der die Sexualität erwacht. Manche Menschen träumen von einer idyllischen Landschaft im alten Griechenland oder irgendeinem anderen romantischen Ort ihrer Einbildung. Sie stellen sich bestimmte Handlungssequenzen vor, bei denen die Leidenschaft allmählich erwacht. Gewöhnlich sind diese Bildfolgen und Situationen bei den Phantasiereisen in der frühen Pubertät entstanden, als man noch ein romantisches Ideal im Herzen trug, und sie bleiben bis weit ins Erwachsenenalter erhalten, weil sie jedesmal, wenn sie wieder ins Bewußtsein treten, solche reinen, kraftvollen erotischen Gefühle wecken.

«Vermutlich gehöre ich zu den Frauen, die voll auf Liebesromane abfahren und sich danach sehnen, daß das Ideal ihrer Träume Wirklichkeit wird», erzählte mir eine Klientin. «Besonders mag ich historische Liebesromane, aber sie müssen sexy sein, und wenn sie es nicht sind, ergänze ich sie im Geist entsprechend. Ich werde so erregt, daß ich manchmal kaum atmen kann, genau wie damals in der Schule. Mein Gott, wie schön das ist! Sich vorzustellen, wie mich ein geheimnisvoller Mann berührt, mir die Kleider vom Leib reißt und mich vergewaltigt. Mein Mann wird nie handgreiflich, und sicherlich würde ich zu Tode erschrecken, wenn er wirklich auf mich losginge. Ich habe meine Phantasievorstellungen nie ausagiert, ich glaube, ich möchte das auch gar nicht. Ich liebe das leidenschaftliche Gefühl, das mich beim Lesen überkommt, und wenn ich ein Buch ausgelesen habe, muß ich mich einfach selbst befriedigen, es ist völlig anders als beim Geschlechtsverkehr. Manchmal denke ich, daß dadurch das Liebesleben mit meinem Mann weniger leidenschaftlich ist, und das stimmt vielleicht auch, aber ich bin wie eine Süchtige, ich kann nicht aufhören, es ist eine Gewohnheit, die ich seit meinem zwölften Lebensjahr habe. Wie kommt man von so etwas los? Ich brauche einfach diese intensiven Gefühle. Das wirkliche Leben ist zu langweilig.»

Diese Frau wandte sich an mich, weil sie vom Leben nicht das bekam, wonach sie sich sehnte. Ihr Fall ist heutzutage nichts Außergewöhnliches. Laut Statistik sind vierzig Prozent aller verkauften Bücher Liebesromane mit leicht pornographischem Einschlag. Mehr als zehn Millionen Frauen sind nach dieser Art von Phantasieanreiz süchtig.

Wie wir gesehen haben, ist die Stimulation durch die Phantasie etwas Großartiges. Wir haben das Recht, auf allen sexuellen Ebenen intensive Gefühle auszuleben. Onanie, erotische Selbststimulierung, ist völlig natürlich und, psychologisch betrachtet, bis zu einem gewissen Grad auch gesund. Nur wenn man nach diesen Phantasieerlebnissen süchtig wird, wenn sie uns von den realen Möglichkeiten des Lebens entfernen, werden sie zu einem Problem. Und dieses Problem haben Millionen von Frauen. Dabei muß erwähnt werden, daß auch Männer nach solchen Erlebnissen süchtig sind, wenn sie ihr neues *Penthouse* oder andere erotische Zeitschriften kaufen und atemlos die jungfräulichen Seiten öffnen, um zu sehen, was für Bilder sie enthalten, die ihre Vorstellungen von einer sexuellen Begegnung mit der idealen Frau beflügeln könnten.

Ich persönlich teile nicht die Ansicht derer, die fordern, daß der Vertrieb sexuell animierender Darstellungen verboten werden sollte. Pornographie zu unterdrücken heißt nicht, daß auch das Verlangen nach ihr verschwindet. Wir müssen uns ganz allgemein zu einer, was die Sexualität betrifft, gesünderen Welt entwickeln und sollten nicht versuchen, das zu verbieten, das unsere sexuelle Verdrängung nach außen sichtbar macht. Pornographie führt nicht zu sexueller Gewalttätigkeit. Sie hält den Menschen nur im Land der Phantasie fest, statt ihn von seiner Sucht zu erlösen und damit tiefere transpersonelle sexuelle Erfahrungen zu ermöglichen.

Das Problem der Selbstbefriedigung ist vom spirituellen Standpunkt aus betrachtet ziemlich einfach. Beim Masturbieren gibt es keine Erweiterung des Bewußtseins, die einen anderen, real vorhandenen Menschen mit umfaßt. Bei der Selbststimulation ist der Zauber des transpersonellen Erwachens nicht möglich. Das ganze Erlebnis passiert nur im Kopf. Und je süchtiger wir nach diesen biochemischen

Injektionen via Phantasien und Onanie sind, um so schwerer kommen wir davon los. Wir wagen es nicht, in die reale und manchmal für unsere Gefühle gefährliche Welt hinauszugehen, um höhere Ebenen der sexuellen Begegnung zu erleben.

Betrachten Sie mal unter diesem Blickwinkel Ihre eigenen Gewohnheiten, um Erkenntnisse zu sammeln und daran zu wachsen. Verbrauchen Sie viel sexuelle Energie durch Phantasievorstellungen, und wenn ja, welcher Art sind diese Vorstellungen?

Erotische Phantasien sollten nicht zur Gewohnheit werden

Wie wir gesehen haben, geht es nicht darum, alle unsere Phantasien als negativ abzuqualifizieren und zu versuchen, uns völlig von ihnen zu lösen. Die Vorstellungskraft ist einer der wahren Schätze des Bewußtseins, wenn sie in der richtigen Balance gehalten wird und unsere Bewußtheit nicht zu sehr okkupiert.

Aber was läßt sich gegen zuviel Phantasie unternehmen? Man kann in mehreren praktischen Schritten die Gewohnheit des ständigen Phantasierens transzendieren, wenn sie von einer sexuellen Beziehung zu sehr ablenkt. Diese Schritte sind Varianten der Grundübung, seine Aufmerksamkeit zu verlagern. Sie haben bereits begonnen, sie zu lernen. Ich werde sie gleich erläutern, damit Sie eine klare Vorstellung von ihnen bekommen.

Wir können uns niemals völlig von einer Gewohnheit befreien, wir können nur ihren Stellenwert im Rahmen unseres Reaktionsrepertoires verändern oder bewußt eine neue Gewohnheit entwickeln, die uns mehr befriedigt, so daß wir sie lieber als die alte wählen, wenn wir wählen müssen.

Haben wir uns für die zweite Lösung entschieden, die gewöhnlich der beste Ansatz ist, um seine Phantasien zu reduzieren, sollten wir – als Anreiz, etwas zu unternehmen – folgende Erkenntnis im Gedächtnis behalten: Wir haben als menschliche Wesen bestimmte Grenzen, was die Sexualkraft angeht. Wenn wir zuviel Energie durch Phantasien und Selbstbefriedigung freisetzen, bleibt realiter nicht mehr genug Kraft für geistige und direkte Herzenskontakte übrig. Diese Zusammenhänge klar zu erkennen, ist bereits der erste Schritt, um von seinen ständigen Phantasien loszukommen. Wenn wir zusätzlich noch ein paar andere Übungen beherrschen, werden wir beim Geschlechtsverkehr mühelos und auf angenehme Weise unsere Abhängigkeit von Phantasievorstellungen transzendieren. Sie haben schon Varianten zu diesem Thema unter einem anderen Aspekt geübt. Ich möchte in diesem neuen Zusammenhang die einzelnen Schritte noch einmal klar umreißen, damit Sie sie wirklich im Gedächtnis behalten, und dann können Sie sie in den nächsten Wochen und Monaten nach Lust und Laune bei Ihren sexuellen Begegnungen anwenden, bis sie zu einer festen neuen sexuellen Gewohnheit des Geistes und des Körpers geworden sind.

Beobachten Sie regelmäßig beim Geschlechtsverkehr und auch, wenn Sie allein sind, wie Ihre Gedanken abschweifen und Sie ins Land der Phantasie geraten. Ohne zu urteilen oder etwas ändern zu wollen, stellen Sie einfach fest, wie Ihr Geist automatisch von der tatsächlich erfahrbaren Wirklichkeit mit Ihrem Partner weggleitet, hinüber zu Phantasien und Gedanken. Machen Sie sich in diesem Zusammenhang auch den Inhalt Ihrer Phantasien bewußt und wie diese Phantasien Ihre sexuellen Erfahrungen beeinflussen.

Körperbewußtsein hier und jetzt

Es ist äußerst wichtig zu lernen, den Kern der Aufmerksamkeit bewußt dorthin zu lenken, wo geistige Erfahrungen gemacht werden können. Das heißt, man muß sich auf die Wahrnehmungen konzentrieren, die uns mit dem Partner in sensorischen Kontakt bringen – auf die Berührung, den Klang, das Sehen, das Riechen, den Tastsinn. Genau an der sensorischen Schaltstelle zwischen Ihrer nackten Haut und der Ihres Partners werden Sie den Zauber der wahren Begegnung erleben. Mitten in der Wahrnehmung Ihres Partners durch tiefen Augenkontakt kann plötzlich die volle Lebenskraft in Ihre Körper fließen und Ihre getrennten Wirklichkeiten zu einem einzigen größeren Sein verschmelzen. Und natürlich kann beim Eindringen des Penis in die Vagina die genitale Erregung den ganzen Körper erfassen und ein vollkommenes Einswerden herbeiführen. Indem Sie sich auf diese reinen sensorischen Wahrnehmungen im gegenwärtigen Augenblick einstimmen, öffnen Sie sich einer plötzlichen Erweiterung des Bewußtseins bis hin zu einer tiefen transpersonalen Begegnung mit Ihrem Partner.

Wie schon erwähnt, müssen wir unsere volle mentale Aufmerksamkeit auf unseren Atem lenken, wenn wir das Denken beruhigen wollen. Die gleiche Aufmerksamkeitsverlagerung bewirkt beim Transzendieren unserer Phantasievorstellungen Wunder. Jedesmal, wenn Sie sich erinnern und wieder mit Ihrem Atem eins werden, mit dem Fluß der lebensspendenden Luft durch Nase und Mund beim Ein- und Ausatmen, wechseln Sie mühelos aus dem Land der Phantasie hinüber in den weit größeren und aufregenderen Bereich des transzendenten Liebesakts mit Ihrem Partner.

Üben Sie sich in der schönen Kunst des «Hineinatmens». Sie atmen in das erregende Gefühl, daß Sie in jedem gegenwärtigen Augenblick die volle sexuelle Kraft in Ihrem Körper erfahren. Dies wird am besten erreicht, indem Sie bewußt in Ihre sexuellen Handlungen hineinatmen. Unsere Phantasievorstellungen sind gewöhnlich zukunftsgerichtet, hin zu mehr und mehr Erregung und sexueller Befriedigung. Um diese zwanghafte Aktivität des Verstandes zu beseitigen, halten Sie einfach inne und tun ein paar Atemzüge lang gar nichts, so daß Sie sich darauf konzentrieren können, mit Ihrem Partner einfach zu «sein». Lassen Sie vor allem beim Ausatmen auch die emotionalen Spannungen in Ihrem Körper Schritt für Schritt mit entweichen. Wenn Sie sich mitten in der Leidenschaft entspannen, wird ein außergewöhnliches Gefühl der Glückseligkeit und Zufriedenheit in Sie einfließen und eine neue Qualität sexueller Erregung entstehen.

Wenn diese neue Energie in Sie einströmt, bemühen Sie sich nicht, Ihre sexuelle Beziehung dadurch zu beeinflussen. Denken Sie nicht: «Was sollte jetzt als nächstes passieren?», denn dadurch gleiten Sie hinüber in den Bereich der Phantasien und Erinnerungen – auf die Denkebene. Entspannen Sie sich einfach, und genießen Sie es, nichts anderes zu tun, als mit Ihrem Partner den Raum zu teilen. Sie werden spüren, wie eine neue Dimension der Begierde in Ihrem Körper erwacht, während Sie Ihr höheres Selbst immer stärker wahrnehmen. Die Erfahrung Ihres Atems bleibt weiterhin das wichtigste für sie, denn mit jedem neuen Atemzug wird der Geist in Ihr Wesen eindringen. Wenn Gedanken, Phantasien und Projektionen sich beruhigen, werden Sie staunen, was Ihr Körper alles wahrnehmen kann. Gefühle, wie Sie sie noch nie zuvor hatten, werden in Sie einströmen, während Sie die Hülle Ihres Bewußtseins mühelos ausdehnen, damit sie auch Ihren Partner mit umschließt. Auf dieser neuen Ebene des Austauschs werden Sie sich an einem bestimmten Punkt spontan wieder bewegen und handeln, und Ihr Körper und Geist und Körper und Geist Ihres Partners werden die spontane sexuelle Vereinigung weiter durchführen, die volle ekstatische Seligkeit und den Orgasmus bringt.

Bewußt sein, bewußt bleiben

Jedesmal, wenn Sie feststellen, daß Sie sich nicht mehr des gegenwärtigen Augenblicks bewußt sind, jedesmal, wenn Sie in Phantasievorstellungen oder Gedanken abgleiten, um sich das sexuelle Erlebnis auszumalen oder zu steuern, üben Sie sich wieder in der schönen Kunst des Pausierens, des Beruhigens, bis Sie selbst in der größten Leidenschaftlichkeit noch bewußt bleiben können. Wenn Ihr Orgasmus eine geistige Erfahrung sein soll, müssen Sie Herz und Verstand voll und ganz in das Erlebnis einbringen und dürfen nicht aus dem erweiterten Bewußtsein herausfallen. Bemühen Sie sich, den Orgasmus zu steuern, so daß Sie sich von dem Augenblick des Höhepunkts zurückziehen können und in der Lage sind, den sexuellen Kontakt so lange hinauszuzögern, bis Sie beide die geistige Aufladung erreichen, die zu einem völligen Einswerden während des Orgasmus nötig ist (Näheres dazu siehe im folgenden Kapitel). An den Schluß dieses Kapitels möchte ich zwei Berichte darüber stellen, was man erleben kann, wenn man diese Übungen bei sexuellen Begegnungen anwendet. Diese beiden Menschen, ein Mann und eine Frau, sind seit vier Jahren miteinander verheiratet und haben ein Kind. Es sind ganz normale, keineswegs besonders «spirituelle» Zeitgenossen, und ihre ehrlichen Reflexionen über ihre gemeinsamen sexuellen Erlebnisse wiegen viele Kapitel psychologischer Theorie auf.

Zwei Erfahrungsberichte:
«So muß man sich
im Himmel fühlen»

Helens Geschichte

Ich bin dreiunddreißig und gestehe nur ungern, daß ich bis heute gebraucht habe, um auch nur die wesentlichsten Dinge darüber zu lernen, wie man richtig liebt.

Vor ein paar Monaten suchte ich zum erstenmal in meinem Leben einen Therapeuten auf – nicht weil ich ein besonderes Problem hatte, sondern weil ich von einer Freundin hörte, daß es da gewisse Möglichkeiten gibt, noch mehr aus seinem Leben zu machen.

Seit ungefähr drei Monaten beschäftige ich mich jetzt mit Johns Vorschlägen und Ideen. Ich habe das Gefühl, daß ich erst am Anfang stehe, aber ich zwinge mich zu nichts. Alles braucht seine Zeit. Doch schon jetzt hat sich manches geändert. Daran ist zum Teil der Einfall schuld, den ich in einer Sitzung hatte. Mir ging plötzlich durch den Kopf, daß ich manchmal gern allein schlafen würde. Bisher war ich jede Nacht mit Richie zusammen und glaubte auch, daß das so sein müsse. Nicht, daß ich ihn nicht liebte. Ich liebe ihn sogar sehr. Aber ein ganz persönlicher Teil von mir bekommt nie genug Raum zum Atmen. Und außerdem sagt John, daß viele Paare, die besonders vertraut miteinander sind und eine gute sexuelle Beziehung haben, eines Tages darauf kommen, besser nicht die ganze Zeit zusammen zu schlafen, weil sonst die Grundenergie und die Anziehung zwischen den beiden Körpern verlorengehen.

Seit zwei Monaten schlafen Rich und ich in verschiedenen Zimmern, und das funktioniert großartig. Ich bin jetzt oft so erregt wie damals, als wir uns kennenlernten. Und ich habe auch Raum für mich selbst, ich kann für mich sein. Erst dachte ich, Richie würde an die Decke gehen, wenn ich ihm den Vorschlag machen würde, aber er hat sich meine Argumente angehört, und stellen Sie sich vor – es gefällt ihm. Vor allem gefällt ihm, wie wir uns sexuell wieder anders fühlen. Der Reiz war zweifellos nicht mehr so da wie früher. Jetzt ist er wieder da oder sogar etwas, das noch viel besser ist.

Aber es geht nicht nur darum, daß wir getrennt schlafen. Es geht auch darum, was wir tun, wenn wir zusammen sind. Ich spreche über das alles jeden Donnerstag mit Richie, wenn ich von meiner wöchentlichen Sitzung nach Hause komme. Wir hocken abends zusammen und reden darüber. Richie ist für solche Sachen offen. Wenn ich ihm von meinen Vorstellungen erzähle, denkt er darüber nach, und manchmal probieren wir was davon zusammen aus, und das ist der Grund, warum alles so gut läuft.

Wenn wir uns jetzt lieben wollen, müssen wir zum anderen hingehen und ihm unsere sexuellen Wünsche zeigen. Nichts ist mehr selbstverständlich, dadurch wird alles viel intensiver.

In den letzten Wochen bin gewöhnlich ich zu Rich gegangen und habe mich für eine Weile zu ihm gelegt, ehe ich ihm gute Nacht wünschte. Auch wenn keine sexuelle Energie da ist, ist es schön, sich anzukuscheln und die Gegenwart des anderen zu spüren. Manchmal sprechen wir, manchmal sind wir still. Später in meinem Bett bin ich dann für mindestens eine halbe Stunde ganz in meiner eigenen Welt, ehe ich einschlafe. Es ist wirklich erstaunlich, wie intensiv meine Träume geworden sind, seit ich allein schlafe. Aber es ist plausibel, denn schließlich habe ich während der ersten zwanzig Jahre meines Lebens allein geschlafen, ich war es gewohnt, die Nacht allein zu verbringen, und ich genieße die Zeit, in der ich allein bin.

Auch meine Vorbereitungen für die Nacht werden immer mehr zu einem besonderen Teil des Liebeserlebnisses. Wenn ich aus dem Badezimmer komme, spüre ich, wie mein ganzer Körper vor Leidenschaft angespannt ist. Meistens gehen mir tausend Dinge durch den Kopf, wenn ich im Bad bin, ich erinnere mich daran, wie es das letztemal mit Richie war, und stelle mir vor, wie es diesmal sein wird. Die Gedanken summen in meinem Kopf herum wie Bienen. Ich bin dabei, etwas dagegen zu unternehmen.

Richie gefällt es, wenn ich plötzlich nackt im Zimmer erscheine. Ich war tief in meinem Innern immer sehr scheu, und manchmal bin ich es noch jetzt. Aber heute bin ich gelassener. Mir gefällt dieses Gefühl der Scham auch, und gleichzeitig werde ich erregt, wenn ich Richs Blick sehe, und ein verrücktes Gefühl überkommt mich. Manchmal gefällt es mir, mich wie eine Hure zu fühlen. Ich glaube, das geht jeder Frau so.

Dann krieche ich unter die Bettdecke. Und jetzt ist Rich wirklich einzigartig als Mann, denn statt sich aufzuregen, wenn ich etwas Neues ausprobiere, wie zum Beispiel dazuliegen und gar nichts zu tun, interessiert ihn, was ich vorhabe. Ich habe ihm viel darüber erzählt, was ich über sexuelle Dinge denke und in den Sitzungen erfahre, und er gehört zu dem Typ Mann, der einem wirklich zuhört, auch wenn ihn am Anfang so manches verwirrte. Er grinst dann und macht eine komische Bemerkung, aber wenn wir das nächstemal zusammen im Bett sind, erinnert er sich tatsächlich an das, was ich gesagt habe.

Und so haben wir bei den letzten Malen, als wir uns liebten, am Anfang ein oder zwei Minuten nur entspannt nebeneinander gelegen. Sobald ich nicht bloß auf meinen Atem höre, sondern auch auf seinen, gleichen sich unsere Atemrhythmen einander an. Es ist fast unheimlich. Alles wird dadurch so deutlich spürbar. Wenn dann schließlich einer eine Bewegung macht und nach dem anderen greift, wird alles noch intensiver.

Bei Rich ging immer alles sehr schnell, meistens kam er viel eher zum Höhepunkt als ich. Doch jetzt lernt er Schritt für Schritt, das zu ändern. Er lernt, sich nicht mehr so anzuspannen und es nicht mehr so eilig zu haben, er atmet in die Dinge hinein. Und jedesmal, wenn ich spüre, wie er sich der Dinge bewußt wird und langsamer macht, überkommt mich ein heißes Gefühl, so als hätten wir jetzt erst richtigen Kontakt – ich kann dieses Gefühl nicht beschreiben, aber ich mag es, das ist wahre Liebe. Und ich fange an zu erkennen, daß es eine der schönsten Lebensaufgaben ist, sich näher und näher zu kommen. Es gibt soviel zu entdecken. Jedesmal, wenn wir etwas herausfinden, tun sich zehn neue Dinge auf, von deren Existenz wir bis dahin nicht einmal eine Ahnung hatten. Es sind keine greifbaren Dinge – ich kann es nicht in Worte fassen.

Manchmal sind wir danach in der Lage, darüber zu sprechen, was wir gefühlt haben. Wir sind jetzt an dem Punkt, dem anderen wirklich offen sagen zu können, was wir während des Verkehrs gedacht und gefühlt haben.

Trotzdem gibt es manches, was ich ihm immer noch nicht erzählen kann. Zum Beispiel habe ich immer häufiger diese herrlichen strahlenden Augenblicke, wenn er in mir ist. Ich glaube nicht, daß es mir je möglich sein wird, sie zu beschreiben. Sie sind für mich mehr und mehr der eigentliche Orgasmus. Ich bin dann für Minuten an einem Ort, wo ich nicht mehr ich selbst bin. Irgendwie hat das nichts mit Gefühlen zu tun, ich gehe über das hinaus, was ich früher für Gefühle hielt – es sei denn, Seligkeit ist ein Gefühl. Falls es einen Himmel gibt, muß man sich dort so fühlen.

Richards Geschichte

Allein dazusitzen und in ein Mikrophon zu sprechen, ist nicht meine Stärke. Und es ist auch nicht meine Art, über mein Sexualleben zu reden. Aber Helen hat es getan, und ich habe mir ihr Band gerade angehört. Zum Teufel, ich will's versuchen. Offen gestanden weiß ich nie, was Helen als nächstes vorhat. Diese neuen Sexsachen waren wirklich aufregend. Als sie mir erzählte, daß sie beabsichtige, einen Therapeuten aufzusuchen, bin ich an die Decke gegangen. Meine Frau braucht doch keinen Therapeuten! Aber Helen hat's mir irgendwie plausibel machen können. Ehe ich wußte, wie mir geschah, klang die ganze Geschichte plötzlich völlig okay. Und allem Anschein nach hat sie recht behalten, wie immer. Sie ist einfach abenteuerlustiger als ich, das liebe ich an ihr.

Es geht also um Sex.

Ich bin mit der Vorstellung aufgewachsen, daß die Männer wollen und die Frauen meistens nicht – sie spielen nur mit, weil es von ihnen erwartet wird. So hat sich meine Mutter verhalten und tut es noch heute, soviel ich weiß. Ich habe jedoch den Verdacht, daß Frauen es noch mehr mögen als wir und nur länger brauchen, bis sie warm werden.

Bei mir ging immer alles sehr schnell, ohne daß mir dies je bewußt wurde. Die ersten Freundinnen, die ich hatte, waren wirklich nett, sie beklagten sich nie, daß ich sie besprang wie der Hahn die Henne. Und auch, wenn ich merkte, daß es ihnen langsamer lieber war, machte ich es immer noch ziemlich schnell. Ich hatte keine Ahnung, daß ein Mann die Sache in die Länge ziehen kann. Ich meine, kein Mensch erzählt einem etwas darüber, jedenfalls nicht da, wo ich herkomme.

Wenn unsereins heranwächst, onaniert er, den Kopf voll von *Penthouse*-Schönheiten und allen möglichen Bildern, die er in die Hände kriegt. Ich erinnere mich, wie ich mich mit meinen Magazinen unter der Bettdecke verkroch. Aber dann, vor allem als ich ein oder zwei Freundinnen hatte, ging ich dazu über, mich daran zu erinnern, was ich mit einem Mädchen gemacht hatte, oder mir vorzustellen, was ich mit ihm tun würde. Ich hatte ganz seltsame Phantasievorstellungen, über die ich auch jetzt nicht sprechen möchte, obwohl Sie sagen, die ganze Geschichte würde vertraulich behandelt.

Die Sache ist die, daß sich meistens alles in meinem Kopf abspielte, wenn ich mit jemandem ins Bett ging. Zwei Dinge vermischten sich dann, die gleichzeitig passierten. Einerseits war ich mit einem echten lebendigen Mädchen zusammen, andererseits gab es noch das Mädchen meiner Phantasie in meinem Kopf. Es war immer eine Mischung aus beidem. Helen hat in letzter Zeit viel darüber gesprochen. Ich hatte nicht die geringste Ahnung, daß es ihr genauso ging.

Das schlimmste für mich war, daß ich, wenn ich mit einem Mädchen länger befreundet war, es immer irgendwie satt kriegte. Ich wollte das gar nicht, es passierte einfach – immer wieder die gleiche alte Geschichte, wieder und wieder. So kam es, daß ich mir beim Geschlechtsverkehr im Geist immer mehr Phantasiebilder schuf und mir andere Mädchen vorstellte, die ich kannte, statt bei dem zu bleiben, mit dem ich zusammen war. Oder ich stellte mir Filmschauspielerinnen vor. Ich hatte immer diese vollkommenen Schönheiten im Kopf, die besser aussahen, sexuell attraktiver und in jeder Beziehung interessanter waren als die Frau, mit der ich gerade schlief.

Als ich mich schließlich damit abzufinden versuchte, daß es keine Frau gab, mit der ich den ganzen Weg gehen konnte, erschien Helen auf der Bildfläche. Wenn es sich darum handelt, die richtige Frau fürs Leben zu finden, ist irgendein Zauber im Spiel, darüber besteht für mich kein Zweifel. Helen beeindruckte mich wie zehn Filmschauspielerinnen auf einmal. Es klingelte bei mir, nicht nur oben, sondern auch unten. Ich verliebte mich Hals über Kopf in sie – sozusagen auf den ersten Blick. Das war im Büro.

Zunächst taten wir so, als sei nichts geschehen, weil Liebesgeschichten bei der Arbeit nicht geschätzt werden.

Wir haben beide ziemlich wichtige Posten, die unsere ganze Aufmerksamkeit erfordern. Aber wir konnten nichts machen. Sex ist wie ein Magnet, davon bin ich überzeugt. Helen ging mir unter die Haut, und ich ging ihr unter die Haut. Wir waren wie zwei Kinder, die sich zusammen davonschlichen, wenn niemand es bemerkte.

Damals hatte ich eine Freundin, was die Sache kompliziert machte. Ich versuchte die Stellung zu halten und mich von Helen nicht beeindrucken zu lassen, und sie versuchte das gleiche. Aber es sieht nicht so aus, als ob wir Erfolg gehabt hätten, was? Und weil wir uns anfangs bemühten, die Hände vom andern zu lassen, zündete es dann um so mehr, als wir schließlich unseren Gefühlen nachgaben. Es waren Funken in der Luft, wir hätten einen Wald anzünden können, wenn wir es dort getrieben hätten.

Aber es spielte keine Rolle, wie sehr ich sie liebte. Das Feuer erlosch nach einer Weile trotzdem. Sie denkt viel, genau wie ich, wissen Sie, alles spielt sich bei uns im Kopf ab. Dafür werden wir schließlich bezahlt, und es ist schwierig, es privat abzustellen. Wenn wir zusammen im Bett sind, denken wir die Hälfte der Zeit an irgendwelche beruflichen Dinge. In den letzten Monaten hat Helen mir viel darüber erzählt, es ist bei uns beiden das gleiche, ihr gehen die Gedanken genauso im Kopf herum wie mir.

Was sie in den Sitzungen bei ihrem Therapeuten lernt, hat mir am Anfang angst gemacht. Wie würden Sie sich zum Beispiel fühlen, wenn Ihre Partnerin Ihnen erklärt, daß es vielleicht besser wäre, wenn sie am anderen Ende des Flurs schliefe und nicht mehr bei Ihnen? Würden Sie nicht auch ein ganz klein wenig beleidigt sein? Aber wie ich schon sagte, Helen hat so eine gewisse Art, die Dinge ins rechte Licht zu rücken, und nach einer Weile sieht dann alles ganz okay aus. Und sie hatte recht. Was für eine Frau!

Sie hat erreicht, daß ich mich bei ihr wieder wie am Anfang

fühle, und es handelt sich dabei nicht um neue Stellungen, die wir aus einem Buch lernen, oder dergleichen. Es ist so ähnlich wie beim Tennisspielen, wenn man innerlich darauf achten muß, worauf man sich konzentriert. Es hat einfach damit zu tun, worauf man seine Aufmerksamkeit lenkt, wenn man es mit seiner Alten treibt. Es ist so einfach, daß man meinen sollte, so was könnte einem schon in der Grundschule beigebracht werden. Aber es ist nicht so einfach, es auch zu tun, wenn man mittendrin ist.

Gestern abend zum Beispiel lag ich da, mindestens eine halbe Stunde lang, während sie im Bad war. Zuerst war ich ein braver Junge und bemühte mich, meinen Atem zu beobachten, meinen Körper mit Bewußtheit zu erfüllen, vom Denken aufs Fühlen umzuschalten und all das Zeug. Aber als sie ins Zimmer spazierte, merkte ich, daß ich mich in Dutzenden von Gedanken verlor. Sie stand da und blickte auf mich hinab, nackt wie Gott sie geschaffen hatte. Sie kam mir vor wie eine Vision, eine Göttin. Sie behauptet dauernd, sie müsse abnehmen, aber sie ist genau richtig, wie sie ist. Komisch, daß Frauen immer glauben, sie müßten anders aussehen, auch wenn sie die beste Figur haben. Und die dünnen Mädchen wollen alle dicker werden.

Helen ist klug, im Kopf weiß sie schon genau, was sich ändern muß, und ich merke ihr an, daß sie sich verändert. Sie wissen so gut wie ich, was das bedeutet. Es bedeutet, daß ich mit dem Rücken zur Wand stehe.

Manchmal verkrampfe und werde verlegen. Das ist das Schlimmste, was passiert, und dennoch ergibt sich daraus nur Gutes. Wie gestern abend zum Beispiel, als sie mir so erstaunliche Sachen über ihre Gefühle erzählte, wenn ich in ihr drin bin. Sie sagte, zuerst reist sie auf einer Rakete, und dann fühlt sie sich leicht und entspannt, bis wieder eine Rakete auftaucht und ihr den Rücken hinaufschießt und oben zum Kopf hinaus – so hat sie's mir jedenfalls erzählt. Und ich muß gestehen, daß ich seit kurzem, wenn ich in ihr bin und wir es langsam tun und es auskosten, statt auf einen Höhepunkt zu drängen, manchmal so ein Gefühl bekomme, als wäre mein ganzer Körper ein einziger erregter Penis. Es ist jetzt hundertmal, tausendmal schöner als früher.

Ich habe so ein bestimmtes Gefühl in meiner Brust und auch im Gehirn, wenn ich wirklich in der Gegenwart bleibe und nicht in Phantasievorstellungen abdrifte. Dieses Gefühl in meinem Herzen – es ist, als würde ich mich in alle Richtungen ausdehnen, anders kann ich es nicht beschreiben, es ist einfach herrlich, ganz großartig. Es ist Entspannung, genau das ist es, Entspannung mitten in der Erregung, wenn Sie sich das vorstellen können.

Und mitten in der Entspannung erwacht dann diese andere Art von Erregung – eigentlich ist es gar keine, es ist irgendeine Energie oder ein Licht. Helen behauptet, es sei ein geistiges Gefühl, und ich glaube, wenn man überzeugt ist, daß Sex einem ein geistiges Gefühl geben kann, dann ist dieses Gefühl in mir geistig, obwohl ich nicht mit solchen Worten daran denke.

Wenn ich mich so fühle, scheint alles vollkommen zu sein. Vor allem Helen scheint vollkommen zu sein. Ich habe überhaupt kein Verlangen, mir das Idealbild irgendeiner sinnlichen Frau herbeizuphantasieren, weil Helen jetzt dieses Idealbild ist. Sie steigert sich völlig hinein, sie gerät in Ekstase – genau: das ist das richtige Wort dafür –, sie ist nicht mehr nur Kopf. Ich habe nicht einmal den Drang, den Höhepunkt zu erreichen. Ich könnte tagelang tief drinnen in ihr bleiben. Sie hat mir gezeigt, wie man mit gekreuzten Beinen dasitzt, und dann setzt sie sich auf meinen Schoß, und das ist die vollkommene Position, um die Erektion zu bewahren. Der Blitz schlägt ein – anders kann ich es nicht beschreiben. Aber ich kann nicht für immer und ewig stillhalten – ich bin kein Buddha –, und bald spüre ich, wie dieses machtvolle Drängen in mir aufsteigt, und ehe ich es merke, ehe ich auch nur daran denke, packt mich dieses animalische Gefühl. Sie lacht dann ein besonderes Lachen, das mich noch mehr reizt, weil ich spüre, sie will, daß ich zum Tier werde, und ich ziehe sie herunter, und dann kann mich nichts mehr bremsen.

Aber gestern abend war es anders, das muß ich zugeben. Doch ich glaube, ich möchte darüber nicht sprechen. Das viele Reden macht mich durstig. Ich komme mir etwas blöd vor, so dazusitzen und mit mir allein über das alles zu sprechen. Hoffentlich habe ich nicht nur unzusammenhängendes Zeug von mir gegeben. Ich kann nur eines sagen – mir gefällt, wohin sie mich führt, diese Sache mit dem gegenwärtigen Augenblick, von dem alles abhängt. Wer weiß, vielleicht werde ich doch noch ein Buddha und sitze eine ganze Woche lang mit ihr auf meinem Schoß da. Sie behauptet, manche machen es ein paar Stunden lang. Das wäre wirklich sensationell. Wer weiß, was dann passieren würde. Schon die paar Minuten, die wir heute schaffen, sind phantastisch. Ich trage das Gefühl noch tagelang danach in mir. Es ist auch eine Art heiliges Gefühl ...

7
Der vollkommene Orgasmus

Lucy hielt sich für jemanden, der auf dem Weg zu einem erfüllten Leben weit vorangeschritten war. Das Verhältnis zu ihrem Mann war gut, und ihre drei Kinder waren wohlgeraten. Trotzdem gab es ein paar Dinge, die ihr nicht so recht gefielen. Eines davon war ihr Sexualleben. In der ersten Phase des Liebesspiels konnte sie sich geborgen und vertraut fühlen, doch irgendwann gegen Ende ertappte sie sich dabei, wie sie dieser Vertrautheit entschlüpfte, weil sie Angst hatte oder nicht fähig war, sich ganz hinzugeben. Sie kannte alle Tricks, um zum Höhepunkt zu gelangen, das war nicht das Problem. Ihre Schwierigkeit bestand darin, daß sie sich vom Orgasmus nicht in ein tieferes Gefühl des Einswerdens mit ihrem Mann tragen lassen konnte. Sie hatte schon derartige geistige Erfahrungen gemacht, wußte also, was möglich war. Aber gewöhnlich spielte der Verstand ihr einen Streich und hielt sie in ihren eigenen kleinen Egotrips gefangen, statt sie freizugeben, um das wahre Zauberreich eines voll ausgelebten transzendenten Orgasmus zu erfahren.

Der Orgasmus ist mit keiner anderen menschlichen Erfahrung zu vergleichen. Wie die neuesten Forschungen ergeben haben, ist er ein neurologisches Geschehen im Gehirn – genau im Lustzentrum –, das dann den übrigen Körper mit einem hormonalen und elektrischen Strom durchflutet.

Immer mehr weist darauf hin, daß das sexuelle Lustzentrum und das Zentrum der Ekstase und Glückseligkeit des menschlichen Geistes ein und dasselbe sind. Die geistige Erfahrung einer mystischen Seligkeit und transzendenten Ekstase scheint mit einem totalen Orgasmus fast identisch zu sein. In neurologischer Hinsicht sieht es so aus, als sei der Orgasmus das Erlebnis, das Körper und Verstand, Sex und Geist mit einer letzten ganzkörperlichen Erfahrung des Menschen verbindet.

Ich habe es vorgezogen, bei der spirituellen Dimension des Geschlechtsverkehrs nur von den Ähnlichkeiten zwischen Mann und Frau zu sprechen. Wenn ein Paar in die sexuelle Intimität tiefer eintaucht, fallen geschlechtliche Unterschiede mehr und mehr weg, während die geistigen Bereiche immer bestimmender werden. Doch wenn wir über eine orgastische Erfahrung sprechen, ist es für beide Partner äußerst wichtig, nicht nur die ähnlichen Aspekte des männlichen bzw. des weiblichen Orgasmus genau zu verstehen, sondern auch die unterschiedlichen.

In *Being a Woman* hat Toni Grant den Unterschied in ziemlich drastischer Form dargestellt: «Für die Frau ist der Orgasmus ein Sichöffnen, für den Mann ein Ausspucken.» Es ist nicht zu leugnen, daß der Mann aus der Tiefe seines Körpers den männlichen Zeugungsbeitrag hervorschießen läßt, während seine Partnerin die Empfangende ist. Sie empfängt jene Substanz und liefert die ideale Umgebung für das Sperma.

Bei jedem Geschlechtsverkehr, auch beim «spirituellsten», spielt der biologische Ablauf stets eine Rolle und beeinflußt das Erlebnis vor, während und nach dem Geschlechtsverkehr stark. Die irdischen biologischen Komponenten des Sexualakts zu negieren bedeutet, den grundlegenden energetischen Austausch zwischen Mann und Frau während der sexuellen Vereinigung kurzzuschließen.

In den siebziger und frühen achtziger Jahren tat der Mann sein Bestes, vom als brutal verschrieenen Macho zu einem sanften, rücksichtsvollen Liebhaber zu werden. Dieses Experiment, die elementare männliche Aggressivität beim Liebesspiel bewußt zu drosseln, erwies sich in gewisser Weise für alle Beteiligten als Reinfall. Wenn der Mann versucht, seine natürlichen Gefühle zu blockieren und bei der Liebe «femininer» zu sein, endet dies gewöhnlich damit, daß die Frau nach mehr maskuliner Härte und Selbstbewußtsein verlangt. Und ein Mann, der seine männliche Energie hemmt, wird mit dem Liebesakt ebenfalls nicht zufrieden sein.

Jede Form der Manipulation oder Unterdrückung unserer sexuellen Urinstinkte beim Liebesakt führt zu einer Verringerung der Intensität der sexuellen Begegnung. In den letzten Jahrzehnten waren sexuelle Aufklärungsbücher, die einem (angeblich) alles verrieten, was man schon immer über Sex und die Möglichkeiten, ihn zu beeinflussen, wissen wollte, der große Renner. Das Ergebnis war eine noch stärkere Fixierung auf das Denken, das spontane Interaktionen blockiert und jedes geistige Erwachen im Keim erstickt.

Ich habe mit Klienten, die derartige sexuelle Handbücher studiert und dann versucht haben, sie auf ihre eigenen Beziehungen anzuwenden, folgende Erfahrung gemacht: Sie waren fixiert auf die Technik, überlegten ständig, was sie als nächstes tun sollten, kontrollierten, was sie jeden Augenblick taten – und all das beeinträchtigte die wahre Hingabe von Geist, Körper und Seele.

Die Hingabe

Wenn die populären Sexbücher, vor allem jene, die auf eine weibliche Käuferschaft zielen, nicht bestimmte Orgasmustechniken propagieren, behaupten sie oft, daß die Frau lernen muß, sich dem Mann hinzugeben und die passive Rolle zu spielen, damit er sein Ego ausleben kann und auf diese Weise mit einer monogamen Beziehung zufrieden ist.

Mittlerweile sind wir in unserem Verständnis der sexuellen Ähnlichkeiten und Verschiedenheiten hoffentlich so reif, daß wir solche oberflächlichen und häufig psychologisch nicht stichhaltigen Verallgemeinerungen vergessen können. Wichtig ist doch, daß wir lernen, Geschlechtsunterschiede zu transzendieren, wo dies notwendig ist, um eine tiefere geistige Vereinigung zu erreichen, und daß wir sie hervorheben, wo sie wesentlich sind, um die mythischen Dimensionen einer sexuellen Beziehung auszuagieren.

Natürlich stimmt es, daß eine Frau lernen muß, sich einem Mann völlig hinzugeben, wenn sie ein Einswerden von Körper und Seele mit ihm erreichen will. Aber wie dumm ist es, dabei zu unterschlagen, daß auch der Mann das lernen muß, damit es zu einer echten geistigen Vereinigung kommt.

Dominanz spielt bei einer sexuellen Beziehung auf höherer Ebene absolut keine Rolle. In geistigen Kontaktbereichen ist Gleichheit das Fundament aller Dimensionen des Verkehrs. Sowohl der Mann als auch die Frau müssen lernen, sich nicht nur dem Partner in jedem wie auch immer gearteten Kräftespiel hinzugeben, sondern, was noch wesentlicher ist, dem größeren geistigen Kraftfeld, das beim Liebesakt lebendig wird und zwei Wesen in einer unendlichen geistigen Präsenz vereint.

Auf dieser Ebene des sexuellen Kontakts werden überhaupt keine Ego-Spiele mehr gespielt. Das ist der wesentliche Punkt. Spiritueller Orgasmus ist ein Bewußtseinszustand, bei dem das eigene Ego völlig, wenn auch nur vorübergehend, ausgelöscht ist. Und eine Frau, die versucht, beim Liebesspiel dem Ego des Partners zu schmeicheln, wird den sexuellen Kontakt nur auf einer niedrigen Ebene der Beziehung halten. Statt einem Mann Freiheit und Raum zu geben, damit er sein vom Ego angetriebenes Bedürfnis nach Herrschaft losläßt, bestärkt sie ihn noch in dieser Mentalität. Das Ergebnis kann auf beiden Seiten nur Frustration und sehr wahrscheinlich gerade aufgrund dieser Ego-Fixierung auch eine Schädigung der Beziehung sein.

Sollten Sie ein Mann sein, werden Sie jedesmal, wenn Sie eine der vorgeschlagenen sexuellen Meditationen machen, mehr lernen, Ihre Ego-Vorherrschaft auf einer gewissen Ebene aufzugeben. Die tatsächliche geistige Qualität, die einen Mann zu einem Mann macht, ist nämlich seine Fähigkeit, sein biologisches Verhalten loszulassen und sich auf eine höhere Ebene des Bewußtseins einzustimmen, auf der er immer noch ein potenter Mann ist, aber nicht mehr von seiner Potenz getrieben wird.

Das *I-ching*, das große chinesische Buch der Weisheit, empfiehlt nicht, daß nur die Frau sich in der Hingabe übt. Vielmehr ist die Grundthese des ganzen Werks, daß das Universum selbst auf einem absoluten Gleichgewicht zwischen Behauptung und Hingabe, Macht und Liebe, männlicher und weiblicher Energie beruht. Wenn der Mann etwas lernen muß, dann ist es die feine Kunst der Hingabe. Aber damit ist nicht die Hingabe an den weiblichen Partner gemeint, sondern die Hingabe seines eigenen Ego an sein erweitertes Gefühl einer geistigen Gegenwart.

So etwas sagt sich leicht. Natürlich muß sowohl die Frau als auch der Mann lernen, das Ego beim Sexualakt – und auch an vielen anderen Punkten einer Freundschaft und Vertrautheit – aufzugeben. Aber wie macht man das praktisch?

Man erreicht es meiner Meinung nach, indem man mit einem bestimmten «Judo des Geistes» auf den Geist einwirkt. Statt zu versuchen, durch noch mehr Ego-Spiele den Drang des Ego nach Vorherrschaft gewaltsam zu zügeln, ist es viel klüger, dem Ego neue Dinge zu zeigen, die es gern haben würde. Man muß den bewußten Teil des Geistes mit höheren

Herausforderungen konfrontieren, auf die er sich dann konzentriert und die er zu meistern versucht – so etwa zu lernen, sich jedes Ein- und Ausatmens bewußt zu sein und diese Bewußtheit auszudehnen, damit sie den Herzschlag oder den Puls und den ganzen Körper im gegenwärtigen Augenblick umfaßt.

Alles, was Sie bis jetzt in diesem Buch erfahren haben, zielt darauf ab, die Ego-Spiele und Herrschafts- und Unterwerfungsmuster des Verstandes während eines sexuellen Kontakts zu transzendieren. Der Verstand ist erstaunlich klug. Anspruchslose Spiele zu versuchen, um ihn zu einer Veränderung zu verlocken, ist kein gutes Mittel. Wie viele Therapeuten mittlerweile erkannt haben, ist es das beste, die großen geistigen Traditionen der Welt zu konsultieren, deren Lehrer seit Tausenden von Jahren genau beobachtet haben, wie das Ego funktioniert und wie es vorsichtig und respektvoll zu einem Verhalten veranlaßt werden kann, das geistiger Verwirklichung förderlich ist und sie nicht blockiert.

Jede Meditation und psychische Übung, die ich Ihnen bis jetzt dargelegt habe, wurzelt in diesen alten Weisheitslehren, die erkannt haben, wie das normale Bewußtsein mit einem transformationellen Bewußtsein verschmolzen werden kann. Wenn Sie zum Beispiel Ihr Ego mit der Aufgabe konfrontieren, sich auch in der Hitze der größten sexuellen Leidenschaftlichkeit des Atems bewußt zu bleiben, bieten Sie Ihrem Verstand die Möglichkeit, den grundlegenden Ausgleich zwischen männlich und weiblich zu beobachten – die absolute Gleichheit zwischen dem empfangenden femininen Einatmen und dem kraftvollen maskulinen Ausatmen. Eine Person, die sich jedes neuen Einatmens und Ausatmens gleichermaßen deutlich bewußt ist, wird auf natürliche Weise einen Ausgleich zwischen Vorherrschaft und Unterwerfung schaffen. Die Natur ist die elementare Lehrerin dieser Urlektionen.

Der größte Irrtum in einer sexuellen Beziehung besteht darin zu glauben, ein Mann sei nur männliche Energie und eine Frau nur weibliche. Ein Mann muß bereit sein, einen Teil seiner männlichen Präsenz aufzugeben, damit die Frau bestimmend sein kann. Und genauso muß eine Frau bereit sein, zuzulassen, daß ein Mann manchmal weiblich und passiv wird, wenn ein tiefes geistiges Gleichgewicht gefunden werden soll. Vielleicht ist es sogar das sicherste Zeichen von Reife, wenn ein Mann dieses große transzendente Hinüberwechseln in die Gleichheit kennt, ausgelöst durch den Verzicht, ständig im Bett die dominierende Rolle zu spielen. Er entspannt sich einfach und überläßt sich eine Zeitlang der Partnerin. Es gibt nichts Schöneres für einen Mann als die Erfahrung, zu entspannen und zuzulassen, daß die Kraft der inneren Energie der Frau das Sperma mühelos und nicht zu schnell tief aus ihm herausholt, weiter und weiter bis zum «point of no return». Ein Mann, der sein Sperma auf diese Weise abgibt, statt es der Frau aufzuzwingen, ist ein Mann, der die sexuelle Kraft kennt, die darin liegt, dem weiblichen Prinzip nachzugeben. Eine Frau, die zuläßt, daß der Mann bei jedem Geschlechtsverkehr nur seine Männlichkeit beweist, ist keine ganze Frau, weil Frauen bei einem solchen Liebesakt eine Menge maskuliner Energie ausdrücken müssen. Der Geschlechtsverkehr sollte immer ein echtes Gleichgewicht des männlich-weiblichen Ausdrucks beider Beteiligten sein.

Der Liebesakt als Teamarbeit

Es ist ein aufregender Moment, wenn der auf egoistischen Interessen beruhende Sex plötzlich zu einer geistigen Vereinigung wird, das heißt, wenn zwei Menschen plötzlich erkennen, daß sie zum selben Team gehören und nicht einer gegen den anderen kämpft. Dann werden sie zusammenfinden im Hinblick auf das gemeinsame Verlangen nach Transzendenz aller Ego-Grenzen, dem Erwachen jenes besonderen Gefühls der Liebe, das in ihr Herz einströmen kann und sie durch seine verwandelnde Kraft verbindet.

Ich habe in diesem Buch immer wieder vom «Liebesakt» gesprochen, ohne genauer zu definieren, was ich unter «Liebe» eigentlich verstehe.

Liebe bezieht sich vor allem auf das Gefühl der Ganzheit. Liebe ist überall. Im menschlichen Herzen ebenso wie in sexuellen Handlungen, ja alle Manifestationen des Lebens und der Natur, im ganzen Universum, sind bestimmt von dieser ganzheitlichen Liebe, die von daher auch das Fundament aller Religionen ist. «Gott» ist ein Terminus, mit dem man versucht, die Ganzheit auszudrücken, die alles auf der Welt miteinander verbindet: «Gott ist Liebe», das ist die grundlegende Definition dieses Begriffs.

Seltsamerweise kommen, wie bereits erwähnt, viele Naturwissenschaftler zu dem Ergebnis, daß das Universum als ein unendliches einheitliches ganzes Wesen betrachtet werden muß, damit es überhaupt funktionieren kann. Irgend etwas, irgendeine Urkraft hält im Universum alles zusammen. Kürzlich haben Biologen sogar ein Wort geprägt, um die Kraft, die alles Leben vereint, zu bezeichnen: *Autopoiesis*. Sie definieren diese Kraft als «die Aufrechterhaltung der Einheit und Ganzheit, wobei die Komponenten selbst ständig und periodisch auseinandergenommen und wieder zusammengesetzt, erschaffen und dezimiert, produziert und konsumiert werden».

Manifestiert sich diese Kraft im menschlichen Leben, wird sie Liebe genannt. Die Zeit läuft weiter, Liebende kommen und Liebende gehen, Zivilisationen entstehen und Zivilisationen vergehen, aber die Liebe ist ewig. Die Grundkraft, die zwei Herzen vereint, ist der energetische Zement, der die menschliche Kultur ermöglicht.

Zwei menschliche Körper werden durch die Kraft der sexuellen Liebe zueinander hingezogen – soviel steht fest. Der Grundimpetus, der Familien zusammenhält, ist sicherlich diese mitfühlende, leidenschaftliche Kraft, die die menschliche Zivilisation durchdringt. Jede Kultur, ganz gleich, wie isoliert sie von anderen Kulturen ist, hat den Begriff der Liebe als die Urdimension ihrer Sprache entwickelt. Liebe ist eine Kraft, die über das menschliche Denken und die menschliche Philosophie hinausgeht. Unsere Religionen und Wissenschaften versuchen nur, ein Phänomen zu beobachten und zu erfassen, das bereits existiert.

Welche Erfahrungen haben Sie mit der Kraft der Liebe in Ihrem Leben gemacht? Haben Sie sie gespürt, oder ist sie für Sie nur ein Begriff? Können Sie sich dieser Kraft überlassen, oder bekämpfen Sie ihren Einfluß in Ihrem Leben? Und was vielleicht die wichtigste Frage ist: Beugen Sie sich dieser grundlegenden geistigen Kraft, oder ist Ihr Herz verhärtet und will sie nicht anerkennen?

Holen Sie tief Luft und beobachten Sie, welche Gedanken, Gefühle und intuitiven Erkenntnisse in Ihnen aufsteigen, während Ihr Ego beginnt, die große Kunst zu erlernen, sich des Atems ein oder zwei Minuten lang bewußt zu sein, und Sie diese Bewußtheit über Ihr Ego hinaus ausdehnen und sich auf spirituelle Betrachtungen einlassen.

Zunächst muß man sich selbst lieben

Um den Orgasmus auf einer geistigen Ebene und nicht nur auf der körperlich befriedigenden zu erleben, müssen beide Partner zuerst einmal sich selbst lieben. Nur dann können wir den anderen so annehmen, wie er ist. Und durch dieses Akzeptieren und nicht durch irgendwelche Versuche, sich oder den Partner zu manipulieren, wird man fähig, sich bei einer sexuellen Beziehung der geistigen Liebe zu öffnen.

Thaddeus Golas hat genau dies in einem bemerkenswerten kleinen Buch zusammengefaßt, das weit mehr aussagt als viele Sexhandbücher zusammen: *Der Erleuchtung ist es egal, wie du sie erlangst.* «In Wirklichkeit», heißt es da unter anderem, «ist ein befriedigender Orgasmus eine geistige Erkenntnis und keine technische Leistung. Das Fleisch ist vom Geist nicht getrennt. Ein vollkommener Orgasmus ist die Wahrnehmung der Liebe auf vielen Ebenen, auch der, die manche als ‹animalisch› bezeichnen. Liebe – das heißt, mit anderen zusammen denselben Raum, dieselben Schwingungen teilen, ist der Urgrund unseres Seins und nimmt unendlich viele Formen an. Wie bei allen anderen Erfahrungen haben wir auch bei der sexuellen Erfahrung diejenige, die wir verdienen. Sie hängt von unserem liebevollen Verhalten gegenüber uns selbst und gegenüber anderen ab. Aber die Liebe ist viel mehr als eine romantische Leidenschaft, und sie muß damit beginnen, daß wir uns selbst lieben.»

Uns selbst zu lieben, ist ein zweischneidiges Schwert der Bewußtheit. Zum einen müssen wir uns selbst lieben, mit all unseren Unvollkommenheiten, Egotrips, emotionalen Hemmungen, körperlichen Unvollkommenheiten und so weiter. Zum anderen erfordert Liebe aber auch gleichzeitig, daß wir uns, so wie wir sind, als vollkommen betrachten – daß wir unsere Einzigartigkeit als Geschöpfe im Universum sehen, Geschöpfe, die in keiner Weise verändert werden müssen, um sie als absolut großartig und erfüllt zu betrachten.

Durch den Orgasmus geben wir gerade in diesem wichtigen Punkt unser Ego auf – wir lassen alle Vorstellungen unserer Unvollkommenheit, unserer Grenzen los, einschließlich der Vorstellung, daß wir durch unsere Programmierung, vergangene Erlebnisse und Projektionen in die Zukunft eingeschränkt sind. Wenn ein geistiger Orgasmus in unserem Kopf explodiert und dann durch den ganzen

Körper ausstrahlt, den Raum um uns durchdringt und dabei auch den Partner ergreift, haben wir einen Augenblick der vollkommenen Gnade im Universum erreicht. Dies ist der außerordentliche Segen, der in unseren Genen vorprogrammiert ist – wir verschmelzen durch die sexuelle Liebe vorübergehend unser persönliches Bewußtsein mit dem des Alls und können teilhaben an der unendlichen Liebe, die alles Leben im Universum und darüber hinaus beseelt.

Der mächtigste seelische Zement zwischen einem Mann und einer Frau ist daher der Aufbau eines gemeinsamen Kraftfeldes, das die beiden getrennten Körper und Seelen umfaßt. Und dieses Kraftfeld wird am besten dadurch geschaffen, daß man den Orgasmus gemeinsam erfährt. Wenn Sie von Ihrem Partner und sich als von einem «sexuellen Team» sprechen können, dann wissen Sie, daß Sie wirklich etwas in Gang gebracht haben.

Ich erinnere mich, daß man, als ich zwanzig war, mit einer gewissen Ehrfurcht vom Orgasmus sprach. Zum Beispiel bezeichneten es die Männer nicht als Orgasmus, wenn sie ejakulierten. Der eigentliche Orgasmus verlieh der Ejakulation eine geistige Aura. Doch seit neuestem spricht man vom männlichen Orgasmus häufig wie von einem einfachen physiologischen Vorgang, einer Erfahrung, die jedesmal die gleiche ist und der die Kraft und der geistige Nachhall des weiblichen Orgasmus fehlt.

Wie aber Masters und Johnson vor mehreren Jahrzehnten durch Gehirnstudien anhand des Elektrokardiogramms gezeigt haben, ist der Orgasmus für den Mann eine äußerst verwickelte neurologische Angelegenheit. Aus neurologischer Sicht ist er völlig anders als bei den Säugetieren, und kein Orgasmus gleicht dem anderen. Dieselbe Person erzeugt, auch mit Elektroden am Kopf, von einem Orgasmus zum anderen völlig verschiedene elektrische Ströme.

Ein Mann, der onaniert und ehrlich darüber spricht, wird dies ohne weiteres bestätigen. Manchmal empfindet man es als gar keine so großartige Sache, sich zur Ejakulation oder zum Orgasmus zu bringen. Ein einigermaßen begabter Mann kann es zum Beispiel in weniger als einer Minute schaffen und dabei im Gehirn fast gar nichts fühlen. Ebenso kann eine Frau sich selbst befriedigen und im Lustzentrum des Gehirns nur eine schwache Reaktion spüren. Ein andermal fahren bei beiden während des Orgasmus weiße Blitze die Wirbelsäule hinunter.

Auf den Geschlechtsverkehr trifft dasselbe zu, nur ist die Wirkung noch größer. Der Höhepunkt kann als sehr irdisch oder als transzendent erfahren werden. Das Gehirn kann die Energieentladung kaum registrieren oder bleibt minutenlang in weißes Licht gehüllt, und sogar noch viel länger, wenn tantrische oder Kundalini-Meditation von erfahrenen Partnern betrieben wird.

Die meisten von uns lernten, durch Selbstbefriedigung ihr sexuelles Lustzentrum im Gehirn zu aktivieren. Die geistige Bedeutung der Selbstbefriedigung ist nicht zu leugnen. «Durch die Selbstbefriedigung habe ich zuerst entdeckt, daß ich an einen Ort gelangen kann, wo ich nicht mehr ich selbst bin», berichtete mir ein Klient. «Ich glaube nicht, daß ich in meiner Jugend geistig hätte überleben können, wenn ich nicht regelmäßig masturbiert hätte. Das mag seltsam klingen, aber so eine Erfahrung kann für einen heranwachsenden Jungen lebenswichtig sein. Durch die Selbstbefriedigung entdeckte ich, daß ich zu reinem Vergnügen, zu reiner Seligkeit werden kann. Ich entdeckte an mir eine Seite, die ich ohne Vorbehalt lieben konnte. Ich muß zugeben, daß ich den Zauber der Meditation zuerst durch die Selbstbefriedigung kennenlernte.»

Onanie sorgt auch für einen Entladungsprozeß, der nicht nur einer geistigen Erweiterung dient, sondern auch einfach der Befreiung von negativen Spannungen, die sich während des Tages angesammelt haben.

Sex ist, so betrachtet, ein sehr wirksames therapeutisches Mittel. Wir können unsere täglichen Anspannungen entweder durch Selbstbefriedigung oder Geschlechtsverkehr abbauen.

Das Problem dabei ist jedoch, daß man nach dieser raschen Entladung süchtig werden kann. Wir gewöhnen uns daran, den Orgasmus mit den niederen Dimensionen des Höhepunkts zu identifizieren. Diese Gewohnheit, die in der Regel in der Jugend erworben wird, steht dem wahren geistigen Orgasmus häufig im Weg.

Der Sexualtrieb des Mannes

Obwohl alle wissenschaftlichen Entdeckungen Veränderungen oder sogar Umkehrungen unterliegen können, sieht es doch so aus, als ob wir unsere grundlegenden sexuellen Vorlieben und Gefühle (Homo- oder Heteroorientierung) gar nicht wählen können. Wir müssen also unseren speziellen sexuellen Hunger und unser Sexualverhalten voll annehmen, wenn wir sexuell reife Menschen werden wollen. Und gleichzeitig müssen wir schrittweise lernen, uns über unsere anfängliche sexuelle Triebhaftigkeit hinaus zu bewegen. Wir können unser gegebenes Schicksal als einzigartige Lebewesen erfüllen, auch wenn wir unser neurologisches Netzwerk, das uns zu dem macht, was wir sind, nicht ändern können. Dies ist ebenfalls ein Grund, warum wir uns so lieben müssen, wie wir sind, falls wir unsere Erfahrung, wer wir sind, ausdehnen wollen, damit sie tiefere geistige Dimensionen der Bewußtheit mit einschließt.

Der Mann scheint gleichermaßen so angelegt zu sein, sich nach dem Sexualakt zu sehnen, nach Möglichkeiten, den Samenerguß herbeizuführen und ihn aktiv suchen zu können. Er möchte ihn häufig erleben, um den Druck in den Geschlechtsteilen loszuwerden, der sich immer wieder ansammelt, und um das körperliche Vergnügen zu genießen, das mit dem Geschlechtsakt verbunden ist. Diese genetische Grundprogrammierung läßt den Mann in sexueller Hinsicht zwanghafter sein als die Frau. Dieser Umstand hat zu allen Zeiten große Probleme und emotionales Leid zwischen Paaren geschaffen. Ein Mann hungert nach purem Sex. Aber was soll er mit diesem Hunger machen, wenn er die Kultur, in die er eingebunden ist, und vor allem seine Frau stört?

Glücklicherweise ist in den Genen des Mannes aber auch die Fähigkeit zur Transzendenz eingebaut. Und so kann er seine rohe Sexualenergie in eine Vielzahl von wertvollen und anregenden Richtungen leiten. Wie Joseph Chilton Pearce darlegt, ist es diese Urkraft der Sexualenergie im menschlichen Körper, die alle unsere verschiedenen Aktivitäten motiviert und auslöst. Die Kraft, die unserem Verlangen nach Sex und unserer Zeugungslust innewohnt, ist die Grundenergie, die uns bei unseren Taten antreibt.

Diese Erkenntnis ist sowohl das Herzstück der Freudschen Psychologie als auch der spirituelleren Sichtweisen der verschiedenen Weltreligionen, die die Sexualenergie für das geistige Erwachen einsetzen.

Wir werden alle mit dem Urbedürfnis geboren, zu überleben, uns fortzupflanzen und dabei das Leben so gut wir können zu genießen. Für den Mann, der ständig einen physiologischen Druck erzeugt, um Sperma abzugeben und dabei das Vergnügen des Samenergusses zu erleben, bedeutet dies, daß er seine rohe Sexualenergie annimmt, daß er den animalischen Drang anerkennt, mit jeder Frau, die ihm gefällt, Sex zu haben – und es bedeutet, daß er mit dem Reiferwerden lernt, den großen Ausfluß an Energie beim Samenerguß in viele verschiedene Richtungen zu kanalisieren, die ihn befriedigen.

Durch sexuellen Kontakt lernt der Mann, die Erfahrung des Orgasmus bis in mystische Bereiche zu vertiefen, die ihn über die Programmierung seines bloßen Verstandes hinaus in eine weit größere Erfülltheit tragen. Die Tatsache, daß ein langjähriger Sexualkontakt mit derselben Frau notwendig ist, um diese geistige Dimension bei einer sexuellen Beziehung zu erfahren, führt ganz natürlich dazu, daß er sich weitgehend monogam verhält. Er muß nicht versuchen, seine natürlichen sexuellen Triebe zu vergewaltigen, um mit einer Frau die Art von Beziehung einzugehen, die sie sich ebenfalls wünscht.

Der Orgasmus der Frau

Die Unterschiede zwischen dem männlichen und dem weiblichen Körper spiegeln die verschiedenen natürlichen Rollen wider. Aber die Ähnlichkeiten überwiegen bei weitem, und das heißt, daß der Mann viele der traditionell weiblichen Rollen in der Gesellschaft übernehmen kann und die Frau umgekehrt traditionell männliche. Ganz bestimmte Unterschiede bleiben jedoch, die hauptsächlich auf der entgegengesetzten sexuellen Rolle von Mann und Frau bei der Zeugung und dem Austragen der Kinder beruhen. Der Körper einer Frau unterscheidet sich von dem eines Mannes, und dieser Unterschied muß offen eingestanden und in unser Verständnis einer sexuellen Beziehung integriert werden.

Was bedeutet dies aber genauer, und vor allem, wie unterscheidet sich der Orgasmus der Frau von dem des Mannes? Der Zoologe David Barash hat festgestellt: «Es gibt keinen zwingenden Beweis für einen weiblichen Orgasmus bei den Tieren – im Gegensatz zum Homo sapiens.» Das Weibchen wird brünstig und signalisiert seine Bereitschaft, sich befruchten zu lassen. Daraufhin kommt es durch die sexuelle Reaktion und das Vorgehen des Männchens gewöhnlich dazu, daß der notwendige Samenerguß des Männchens in das Weibchen erfolgt.

Bei diesem Paarungsprozeß spielt das Vergnügen keine so große Rolle, vergleicht man ihn mit dem des Menschen und dessen diesbezüglichen Möglichkeiten. Und dies scheint besonders auf das Weibchen zuzutreffen – es wird besprungen, ob ihm das nun Vergnügen macht oder nicht. Eine Stimulation der Klitoris scheint es in der Tierwelt fast nirgends zu geben. «Der weibliche Orgasmus kommt offenbar bei den meisten Säugetieren auf natürliche Weise nicht vor, da die Klitoris bei der üblichen Paarung und dem üblichen Liebesspiel nicht genügend stimuliert wird», hat Dr. Helen Singer Kaplan festgestellt. «Die Klitoris wird nur wenig stimuliert, weil das Männchen gewöhnlich dem Weibchen auf den Rücken steigt.»

Ebenso wie die Männer Brustwarzen haben, ohne daß diese je einen nützlichen Zweck erfüllen, hat auch die Klitoris keine funktionelle Aufgabe – außer der, Vergnügen zu bereiten.

Häufig wird gesagt, daß der weibliche Orgasmus von größerer neurologischer Tragweite sei als der des Mannes, weil bei der Frau die Entladung nur innerlich erfolgt, während der Mann sich durch eine körperliche Reaktion nach außen entlädt.

«Wenn ich den Höhepunkt erreiche», berichtete eine Klientin, «habe ich minutenlang das Gefühl größter Seligkeit, als versänke ich im Nichts und darüber hinaus in diesen außerordentlichen Zustand, in dem ich nicht mehr existiere, doch gleichzeitig bin ich unendlich groß und eine einzige pulsierende Gegenwart aus weißem Licht. Mein Mann dagegen explodiert in mir, und dann ist die ganze Geschichte für ihn ziemlich schnell erledigt. Er wird wieder wie immer und läßt nicht mit mir die Nachwirkungen des Orgasmus in sich ausklingen. Ich glaube, daß ich zehnmal mehr Vergnügen habe als er. Er entlädt seine Energie in mich, und ich nehme sie zusätzlich zu meiner eigenen auf – so ähnlich empfinde ich es. Ich meine, daß die Frau so den besten Teil bekommt, falls sie überhaupt einen Orgasmus hat.»

Die Frau scheint im Durchschnitt zwanzig Minuten intensiven sexuellen Kontakts und intensiver Stimulation zu brauchen, ehe der Orgasmusreflex einsetzt. Es gibt aber auch Frauen, die schon nach zehn oder noch weniger Minuten den Höhepunkt erreichen, und andere, bei denen es länger als zwanzig Minuten dauert. Gewöhnlich braucht die Frau länger, um zum Orgasmus zu kommen, als der Mann. Der Mann kann aus einem entspannten Zustand seiner Genitalien bei entsprechender Stimulation in etwa einer Minute den Samenerguß erreichen (laut Masters und Johnson). Wieso besteht dieser Unterschied?

Vielleicht sollten wir bei der Suche nach einer Antwort folgende Überlegung anstellen: Es wäre widersinnig, wenn die Frau vor dem Mann zum Höhepunkt käme und den Geschlechtsverkehr vor dem Samenerguß beendete. Wenn die Frau befriedigt wäre, aufstehen und gehen würde, ehe der Mann sein Sperma abgeben konnte, würde die Fortpflanzung dadurch entschieden beeinträchtigt. Der Zeitfaktor scheint in dieser Hinsicht höchst sinnvoll zu sein.

Darüber hinaus ist es wichtig, daß der aktive Teil des Geschlechtsverkehrs nach etwa zwanzig Minuten endet. Wenn das Vergnügen stundenlang dauern würde, würde wenig Energie für andere Dinge übrigbleiben. Ein gesundes, wirkungsvolles Gleichgewicht zwischen Sex und anderen Aktivitäten wird dadurch gesichert, daß der Sexualakt endet, nachdem dem Durchschnittsmann genug Zeit gelassen wurde, um zum Samenerguß zu kommen. Kurz gesagt, «die Kräfte der Evolution haben Frauen ausgewählt, die einen Orgasmus haben können, aber die ihn nicht früher haben als der Mann».

Die Bindung, die zwischen einem Mann und einer Frau beim Orgasmus entsteht, dient zweifellos dazu, daß die beiden zusammenbleiben, um für den Nachwuchs zu sorgen, wie auch dazu, das emotionale Fundament für einen geistigen Austausch zu liefern. Die Biologen sprechen natürlich nicht laut von der Möglichkeit, daß geistige Gemeinsamkeit das Gedeihen der Art fördern könnte. Aber privat habe ich etliche derartige Äußerungen gehört. Es ist in der Tat fast unmöglich, die Wunder des Lebens auf unserem Planeten zu betrachten, ohne sich von der Realität des Lebens selbst erhoben zu fühlen.

Dies scheint auch das Wesen des Orgasmus auszumachen – daß wir davongetragen werden in die Unermeßlichkeit des Lebens selbst, weil wir die Urkraft der Liebe, die alles Leben durchdringt, direkt erfahren. Wenn wir Geschlechtsverkehr haben, erschaffen wir durch unsere gemeinsame Leidenschaft etwas – Neues entsteht. Wir laden unsere Körper mehr und mehr auf, bis diese geballte Energie eine Entladung bewirkt, die unser Ego verzehrt, unsere Spannungen ausbrennt, ein Loch in unsere begrenzte Vorstellung von uns reißt und unsere Sinne den Atem Gottes spüren läßt, der wie eine Frühlingsbrise zart in die inneren Bereiche unseres Bewußtseins weht.

Selbstverständlich können wir eine solche Transzendenz auch in anderen Teilen des Lebens auf einer niedrigeren Intensitätsstufe erfahren. Der Orgasmus ist durchaus nicht das einzige Mittel für eine Bewußtseinserweiterung. Er ist nur der aufregendste und intensivste Weg zur vorübergehenden Erleuchtung. Er ist auch der Weg, den wir mit einem Partner eng verbunden gehen können. Bei den meisten Meditationen ist man allein. Bei der sexuellen Meditation ist es, als würde man den Kuchen behalten, obwohl man ihn ißt. Sie spielt sich zu einem großen Teil innerlich ab und geht gleichzeitig über das Ego hinaus.

Dr. Kaplan hat festgestellt, daß «der weibliche Orgasmus vom Standpunkt der Evolution aus ein Kunstprodukt ist. Mit anderen Worten, wir hätten als Art auch ohne den weiblichen Orgasmus überleben können, aber nicht ohne den männlichen. Unter dem Blickwinkel der Evolution betrachtet, ist der weibliche Orgasmus ein Luxus.»

Unter kulturellem Aspekt jedoch ist seine Bedeutung nicht zu unterschätzen. Alles in allem bewirkt das Vorhandensein des weiblichen Orgasmus drei Dinge, die für unsere Zivilisation wesentlich sind. Erstens weckt der Orgasmus im Herzen der Frau starke Liebe, die dann den Mann dazu ermutigt, selbst diese Ebene des geistigen Orgasmus zu erreichen, so daß zwischen den beiden Partnern eine innigere Bindung entsteht. Zweitens erlangt die Frau durch ihren Orgasmus direkten Zugang zu den tieferen geistigen Bereichen ihres eigenen Bewußtseins. Und drittens läßt der weibliche Orgasmus den Sex zu einem fairen Spiel werden, zu einer Erfahrung, bei der beide Partner gleich großes Vergnügen haben können – nicht nur der Mann.

Die Annahme scheint richtig, daß das gewachsene Verständnis für den weiblichen Orgasmus im letzten Jahrhundert eines der wirksamsten Mittel für eine positive Veränderung der Einstellung gegenüber der Frau war. Statt daß der Mann sein Vergnügen bei einer Frau sucht, ohne an das ihre zu denken, bestehen Frauen jetzt darauf, daß sie beim Liebesakt das gleiche Recht auf Lust haben. Diese begründete Forderung hat eine ungeheuer positive Wirkung auf den Bewußtseinsstand des Mannes von heute gehabt.

Vor allem das Erlebnis des Samenergusses hat sich beim Mann verändert, weil er jetzt Raum und Vergnügen mit der Frau und ihrem Orgasmus teilt. Der Mann findet endlich Zugang zur geistigen Dimension des Orgasmus. Er lernt, langsamer zu werden und tiefer in die Erfahrung der eigenen sexuellen Erregung einzudringen, während er darauf wartet, daß die Erregung bei der Frau wächst und zu einer großartigen Entladung führt.

«Am Anfang versuchte ich aus einem Schuldgefühl heraus, die Ejakulation hinauszuzögern», berichtete ein Mann über seine Erfahrungen. «Ich fühlte mich schuldig, wenn ich kam und sie nicht. Aber allmählich begann ich tatsächlich zu lernen, mich zurückzuhalten. Es ist eben ein Unterschied, ob man eine gute Flasche Wein so schnell wie möglich austrinkt, um einen Rausch zu bekommen, oder ob man sie Glas für Glas zusammen mit einem guten Freund langsam genießt. Wenn ich mir jetzt im Bett Zeit lasse, werde ich irgendwie am ganzen Körper lebendig. Ich lerne, mit dem Herzen zu lieben, nicht nur mit den Genitalien. Das ist der große Schritt, den ich in meinem Liebesleben getan habe, und ich brauchte lange dazu.»

Die Schlangenkraft

Bei der Kundalini-Meditation gibt es eine Tradition, die die instinktive sexuelle Energie des Nervensystems als Mittel zur geistigen Verwirklichung einsetzt. Während ihrer tiefen Meditationen entdeckten Yoga-Meister, daß es sieben verschiedene Energiezentren im Körper gibt, zu denen auch das sexuelle Energiezentrum gehört, welches an der Basis der Wirbelsäule liegt. In der Pubertät wird das sexuelle Zentrum durch die schöpferische Kraft der Fortpflanzung aktiviert.

Durch Meditation und aufmerksame Beobachtung von Geist und Körper in Aktion entdeckten die alten Meister, daß das Zentrum der Sexualenergie mit höheren Energiezentren eng verbunden ist, die entlang des Rückgrats und im Gehirn selbst liegen. Das Zentrum des Willens befindet sich zum Beispiel in der Bauchregion des Körpers. Die Sexualenergie kann bis dorthin hochsteigen und einen Menschen in ein Kraftwerk der Aktivität verwandeln.

Weiter oben, in der Brust, ist das Herzzentrum oder Herzchakra. Dort wird die Sexualenergie in die Kraft der Liebe verwandelt. Einfach ausgedrückt, wenn jemand, ein Mann oder eine Frau, einen Orgasmus hat, ohne daß dabei das Herzchakra erwacht, ist es reine Selbstbefriedigung, eine Entladung der genitalen Energie, aber kein Erwachen von Liebe und Mitgefühl.

Die Sexualenergie braucht während der Erregung Zeit, um das Herzzentrum zu erreichen. Sehr wahrscheinlich hängt damit auch zusammen, daß die Frau mehr Zeit bis zum vollen Orgasmus benötigt. Die sexuelle Erregung muß aufsteigen und das Herz erreichen, ehe es zu einem echten Orgasmus kommt.

Ist das Herz beim Geschlechtsverkehr erwacht, gibt es vom Standpunkt der Kundalini-Meditation aus noch höhere Bereiche der Bewußtheit, die durch das Heraufholen der Sexualkraft aus den Genitalien geweckt werden können. In der Kehle liegt ein Energiezentrum, das mit der Fähigkeit verbunden ist, sich mitzuteilen, klar zu denken und seine inneren Gefühle in Worte zu kleiden.

Oftmals stecken die Menschen zu Beginn des Liebesakts in diesem Denkzentrum fest. Deshalb muß, wie wir schon gesehen haben, häufig erst unsere Aufmerksamkeit vom Kopf in die Genitalien verlagert werden, damit wir diese Sexualkraft anzapfen können – und sie dann wieder hochholen, wobei sie beim Passieren des Herzens verwandelt wird.

Über dem Denkzentrum befindet sich das Zentrum der Intuition – es wird oft das dritte Auge genannt. Dieses Zentrum liegt zwischen den Augenbrauen in der Hirnanhangdrüse. Wenn Sie plötzlich bei sexueller Erregtheit Seligkeit und Licht in sich einströmen fühlen, kommt das daher, daß diese Region durch die Sexualenergie aktiviert wird, die von den Geschlechtsorganen aufsteigt. Auch Erkenntnisblitze ereignen sich häufig durch die Aktivierung dieses Zentrums.

Schließlich gibt es noch das Energiezentrum, das man Kronenchakra nennt. Es liegt ganz oben im Kopf. Während des Orgasmus wird hier die Verbindung mit außerkörperlicher geistiger Energie hergestellt, so daß plötzlich eine Bewußtseinserweiterung auftritt. Aber Energie fließt nicht nur hoch und durch dieses oberste Zentrum hinaus. Beim vollkommenen Orgasmus flutet auch von oben Energie in den Körper.

Vom Standpunkt der Kundalini-Meditation aus ist ein optimaler Energiezustand dann erreicht, wenn sexuelle irdische Energie im Körper aufsteigt und gleichzeitig himmlische geistige Energie hinunterfließt. Treffen sich diese Zwillingsströme in der Mitte des Energiesystems, dem Herzen, und vermischen sie sich, kommt es zum wahren Orgasmus. In diesem Augenblick werden alle Energiezentren durch einen letzten Blitz aus weißem Licht aktiviert, und die Vereinigung mit der Gottheit geschieht.

Diese Beschreibung der Kundalini-Kraft ist ein fortschrittliches Denkmodell, mit dem versucht wird, eine Erfahrung zu schildern, die über unsere Vorstellungswelt hinausgeht. Für unsere gegenwärtige Diskussion ist dieses Modell wichtig, weil es uns darin unterstützt, uns bewußt darauf zu konzentrieren, diese genitale Energieaufladung, die wir während der sexuellen Erregtheit spüren, aufsteigen zu lassen, damit sie durch jedes dieser höheren Energiezentren fließt. Das ist der wahre geistige Pfad, um durch die Energie des Orgasmus während des Geschlechtsverkehrs vorübergehend eine Erleuchtung zu erfahren.

In diesem Buch habe ich die pragmatischsten Möglichkeiten sondiert, um dieses Erwachen der tieferen geistigen Dimension der Sexualität zu fördern, ohne irgendeinen esoterischen Jargon zu verwenden, wie er bei der Beschreibung der Kundalini-Kraft in der einschlägigen Literatur oft benutzt wird. Das Erwachen aufsteigender geistiger Energie bei einem sexuellen Erlebnis ist etwas Natürliches. Meditationsübungen können diese Entwicklung fördern, aber das Potential für ein geistiges Erwachen durch sexuellen Verkehr kann ohne Ausbildung in meditativen Techniken angezapft werden.

Frauen, deren sexuelle Erregung öfter als beim Mann eine mehr ganzkörperliche Erfahrung ist, tun sich da etwas leichter. «Ich gehöre eigentlich zu den Frauen, die sich nie viel selbst befriedigt haben», erzählte mir eine Klientin. «Ich war immer mehr ein emotionaler Mensch, reagierte nicht so sehr auf sinnliche Eindrücke. Ich muß hier im Herzen angerührt werden, ehe meine Geschlechtsteile erwachen. Und zum Höhepunkt zu kommen, ist für mich nicht so sehr durch eine Reizung der Klitoris bedingt, obwohl natürlich dort auch ein Gefühl ist, sondern ich komme lieber in meinem Herzen zum Höhepunkt, so seltsam das auch klingt. Ich habe das bis jetzt noch nie jemandem erzählt. Und ich komme auch mehr oben durch den Kopf als unten zwischen den Beinen, und danach brennt mein ganzer Körper, er prickelt, und ich erlebe die Nachwirkung des Ganzen sehr lebendig. Es ist, als wäre ich elektrisch und doch Materie, ich kann es nicht beschreiben. Und wenn ich mein Herz meinem Mann ganz öffne, während er in mir ist, ist er ich und ich bin er, es gibt überhaupt keine Trennung mehr, und dieses Gefühl hält noch stundenlang an, manchmal sogar tagelang. Das ist der Zauber des Orgasmus für mich. Wir lieben uns normalerweise nur einmal in der Woche, aber das ist mehr als genug. Wir bauen eine starke Spannung auf, und dann lassen wir uns beide gleichzeitig durch sie davontragen. Das haben wir in den zwanzig Jahren, die wir zusammen sind, gelernt. Es gehört zu unserer Methode, wie wir in dieser verrückten Welt vernünftig bleiben können. Zumindest mitten im Orgasmus ergibt alles einen Sinn, und alles ist in Ordnung, mehr als in Ordnung sogar, alles ist vollkommen, so wie es ist.»

Der gemeinsame Höhepunkt

In den letzten Jahren ist immer wieder darüber diskutiert worden, ob es wichtig ist, daß Mann und Frau gleichzeitig zum Höhepunkt kommen. Viele Männer haben verzweifelt versucht, nicht zu früh zu kommen, und viele Frauen waren verzweifelt um Eile bemüht. Wir haben schon darüber gesprochen, wie wertvoll es ist, wenn ein Mann lernt, den Samenerguß zu verzögern, so daß seine Partnerin zusammen mit ihm kommen kann. Aber ist es für eine geistige Verbindung wichtig, daß die Sexualpartner den Orgasmus gleichzeitig haben?

Meiner Meinung nach machen Paare einen großen Fehler, wenn sie dem gleichzeitigen Orgasmus zuviel Gewicht beilegen. Bei gemeinsamen Orgasmen sind sich beide Partner des Vorgangs bewußt und nehmen an der Energie des Orgasmus teil, aber sie müssen sie nicht notwendigerweise gleichzeitig haben.

«Anfangs kam Jack immer schon nach ein paar Minuten», erzählte mir eine Klientin. «Natürlich war das frustrierend, aber ich beklagte mich nicht, weil ich ihn wegen anderer Dinge so sehr liebte. Ich hatte manchmal einfach keinen Orgasmus. Das war nicht so schlimm. Um ehrlich zu sein, ich brauche ihn nicht. Er ist nicht das wichtigste in meinem Leben. Aber im Laufe der Jahre konnten Jack und ich über sexuelle Dinge sprechen, und er begann sich zurückzuhalten und mehr darauf zu achten, wann ich kommen wollte. Nachdem er dann an der Universität eine Vorlesung über chinesische Techniken des verzögerten Samenergusses gehört hatte, probierte er Entsprechendes aus. Er zog seinen Penis während des Geschlechtsverkehrs mehrmals heraus, damit er durch die ständige Reizung nicht zu schnell kam. Ich gab ihm zu verstehen, daß es mich nicht störte, wenn er ihn zurückzog. Es ließ mir mehr Zeit und machte den Liebesakt aufregender, wenn er pausierte und sich ausruhte und nicht dauernd aktiv war. Aber schließlich hielt er sich so lange zurück, daß es für mich zu lang wurde. Ich gehöre zu den Frauen, die lieber nach dem Mann zum Höhepunkt kommen. Manchmal brauche ich es, daß Jack kommt, weil das dann für mich der Impuls ist, den letzten Schritt zu tun, verstehen Sie? Trotz der vielen Jahre, die wir zusammen sind, ist es mir noch immer peinlich, wenn ich zuerst komme, und die paar Male, als wir den Orgasmus gleichzeitig hatten, waren ehrlich gestanden irgendwie seltsam. Wir waren so mit unserem eigenen Höhepunkt beschäftigt, daß wir uns des anderen kaum bewußt waren. Heute sage ich zu Jack, daß er kommen soll, wenn ich spüre, daß er bereit ist, und dann genießt er das ungeheuer, und ich bin bei ihm, wenn er kommt. Ich kann spüren, wie er den Samen in mich hineinspritzt, wirklich, ich schwöre es! Danach liegt er einfach da, und ich habe das Gefühl, daß ich alle Zeit der Welt habe, daß der Druck weg ist, weil er seinen Orgasmus hatte. Zu meinem größten Erstaunen habe ich festgestellt, daß ich mich an seinem Penis reiben kann, während er kleiner und kleiner wird, und ein immer feineres Gefühl spüre, und wenn ich dann nicht komme, komme ich in dem Augenblick, in dem er sich aus mir zurückzieht. Es ist wie im Paradies. Ich muß dann aufschreien, und manchmal wird er durch meinen Orgasmus wieder erregt. Dann wird es ganz herrlich, und man hat das Gefühl, daß es ewig so weitergeht.»

Die meisten Männer können tatsächlich ihre Potenz im Bett verlängern, zumindest bis zu einem gewissen Ausmaß, auch ohne besondere Kundalini-Übungen zu machen. Drei Punkte sind dafür wichtig. Ich möchte sie genau erklären, falls Sie dies mit Ihrem Partner eingehender überprüfen wollen.

Erstens müssen Sie bedenken, daß eine angespannte Atmung zu verfrühtem Samenerguß führt, tiefes Atmen es dem

Mann dagegen ermöglicht, sich Zeit zu lassen, vor allem, wenn er langsam ausatmet und danach länger ohne Luft bleibt, ehe er einatmet. Indem er dem Atem Beachtung schenkt, wird die Aufmerksamkeit ganz natürlich auf die Herzgegend gelenkt und auf das Mitgefühl. Wenn man seine Aufmerksamkeit von den Genitalien auf das Herz lenkt, steigt die Energie von den Hoden hinauf ins Herz, was eine der entscheidenden Methoden ist, um die geistige Dimension des Geschlechtsverkehrs zu erhöhen.

Zweitens kann der Mann den Druck in seinen Genitalien um so länger aushalten, je weniger Penis und Hoden stimuliert werden. Das wissen Sie sicherlich selbst aus Erfahrung. Dies heißt aber nicht, daß die Frau Hände und Lippen nicht einsetzen sollte. Ein Methode, eine Erektion zu verlängern, besteht sogar darin, daß die Frau lernt, ein klein wenig Samen aus dem Penis zu holen, ohne daß sich das ganze Sperma ergießt. Wenn sie das beherrscht, ist dies eine der großen Liebesvergnügungen für beide Partner. Die meisten Männer denken, es gehe immer um alles oder nichts, aber das stimmt einfach nicht.

Oraler Sex ist natürlich eine der besten Möglichkeiten, um den Orgasmus zu verzögern. Je länger sich ein Mann mit einer Frau beschäftigt, desto länger hat er natürlich eine Erektion, und er hilft außerdem der Frau sehr dabei, einen Orgasmus zu erreichen.

Dies ist der Moment, da der Liebesakt zum Yoga wird. Jede Stellung beim Geschlechtsverkehr, die mit ganzkörperlicher Bewußtheit und Entspannung mitten in der Spannung eingenommen wird, ist sexuelles Yoga. Wichtig dabei ist, in keiner Position zu lange zu bleiben. Lassen Sie zu, daß Ihr Körper spontan eine neue Haltung einnimmt. Dadurch kann die Zeit bis hin zum Liebesakt mühelos verlängert werden.

Drittens kann man, wie wir bereits gesehen haben, eine

Erektion dadurch sehr verlängern, daß der Penis regelmäßig wie in einem Ritual aus der Vagina zurückgezogen wird, so daß keine Ejakulation durch eine zu große Stimulation verursacht wird. Wenn Mann und Frau in dieser Beziehung wirklich als Team reagieren, kann das Zurückziehen und Eindringen in die Vagina zu einem großen Vergnügen werden.

Die meisten Frauen, mit denen ich darüber gesprochen habe, lieben das Gefühl des Eindringens und Zurückziehens und den damit verbundenen emotionalen Anreiz genauso wie eine ständige innere Bewegung. Es gibt viele subtile Möglichkeiten, wie der Penis die Klitoris stimulieren kann, und diese in unterschiedlichen Positionen auszuprobieren, ist der beste Weg, die Stimulation der Klitoris zu erhöhen und dabei die Dauer des Verkehrs zu verlängern.

In dieser Hinsicht sind Körperstellungen wichtig, wenn sie spontan eingenommen werden und nicht automatisch. Untersuchungen haben zum Beispiel gezeigt, daß ein Mann schneller zum Höhepunkt kommt, wenn er auf der Frau liegt, wohl weil dies die übliche Haltung ist und weil die Schwerkraft ihr Recht verlangt und das Sperma hinunter- und hinauszieht. Wenn die Frau oben liegt, geschehen die Dinge dagegen viel langsamer. Der Mann kann seinen ganzen Körper entspannen und muß nicht so sehr die Rolle des Dominierenden, Angriffslustigen spielen – obwohl die beiden Partner dies gegen Ende des Verkehrs manchmal vorziehen.

Yab-Yum, eine Kundalini-Position, bei der der Mann mit gekreuzten Beinen dasitzt und die Frau, die die Beine um ihn schlingt, im Schoß hält, ist die Methode, bei der die Erektion am längsten anhält. In dieser Stellung können die Partner lange Zeit bleiben, ohne sich zu bewegen. Sie spüren dann, wie die Sexualenergie das Rückgrat hinauf- und hinunterschießt, und es eröffnen sich ihnen geistige Dimensionen, während die Energie des Orgasmus das Rückgrat immer weiter hinaufsteigt, bis zu den höheren Energiezentren.

An diesem Punkt kann der Mann manchmal wählen, ob er kommen will oder nicht, falls er an die Lehren des Kundalini-Yoga und der Taoisten glaubt, die besagen, daß die Bewahrung des Spermas die Lebenskraft erhält, was wahrscheinlich richtig ist. Sonst schießt das Sperma durch sanfte Bewegungen des männlichen und weiblichen Körpers vulkanartig hervor, und der Orgasmus der Frau kann ihr Nervensystem wie ein heftiger Schauer heiligen Lichts treffen, während die Körper beider in reinem Licht verschmelzen.

Manche Männer haben es manchmal allerdings lieber, sich am Ende auszutoben, und ich vermute, es ist nur natürlich, daß sie Frauen haben, denen das auch gefällt. Ein Gleichgewicht zwischen dem Geistigen und dem Animalischen, ein totales Erwachen von beidem, scheint die größte sexuelle Vertrautheit zu ermöglichen – die Genitalien sind entflammt, die Herzen vereint, der Geist unternimmt einen Höhenflug, und die Seelen gehen in einem unendlichen lebensvollen Sein auf.

Nehmen Sie sich jetzt etwas Zeit, und denken Sie darüber nach, was für Sie beim Liebesspiel am besten ist. Überlegen Sie, wie Sie den Orgasmus in Ihrer augenblicklichen Beziehung erfahren und in welcher Richtung Sie sich in den kommenden Tagen und Wochen entwickeln wollen.

8
Sexuelle
Transformation

John und Christa wußten, daß ihre sexuelle Beziehung außergewöhnlich war. In den drei Jahren ihres Zusammenseins hatten sie alle sieben Dimensionen spiritueller Sexualität erforscht und immer näher zueinandergefunden. Was sie verwirrte und manchmal aufregte, war das Gefühl, das sie häufig direkt nach einer leidenschaftlichen Vereinigung während des Liebesakts hatten. Je tiefer sie während des Geschlechtsverkehrs in geistige Bewußtheit eintauchten, desto mehr, so schien es ihnen beiden, spürten sie, daß durch ihren Liebesakt eine Art von neuem Wesen geschaffen und genährt wurde. Sie wußten nicht, wie sie mit diesem Gefühl umgehen sollten. Bedeutete es, daß sie für ein Kind bereit waren, oder gab es eine andere Erklärung?

Es ist nur natürlich und auch zu erwarten, daß bei Liebenden, die sich emotional, physisch und geistig näherkommen, ein solches «kreatives» Gefühl erwacht. Ich würde sogar so weit gehen zu behaupten, daß es unmöglich ist, während des Liebesakts eine geistige Erweiterung zu erfahren, ohne an irgendeinem Punkt der geheimnisvollen Muse der Schöpfung zu begegnen.

Aber wie sollen wir auf diese «fruchtbaren» Gefühle und Gedanken reagieren, die oftmals nach einem schönen sexuellen Erlebnis auftreten?

Lassen Sie uns erst einmal die verschiedenen Gefühle betrachten, die häufig gleich nach der Vereinigung entstehen. Über dieses Thema spreche ich regelmäßig mit Klienten während der Therapiesitzungen, weil es so viele verschiedene psychologische Prozesse an die Oberfläche des Bewußtseins holen kann, die tief im Innern eines Menschen ablaufen. Hier sind einige ziemlich repräsentative Beispiele für die verschiedenen Antworten, welche ich von Leuten erhielt, die ich über ihre Gefühle «danach» befragte.

«Bei mir endet es damit, daß mein ganzer Körper nach dem Höhepunkt aufgeladen ist», erzählte mir ein junger Mann namens Jacob vor ein paar Jahren. Er spielte in einer Country-Jazz-Band, die gerade ihre ersten Erfolge hatte. «Meistens hält es mich nicht mehr im Bett. Ich springe auf, sobald der Anstand es erlaubt, denn ich möchte die Gefühle meiner Freundin nicht verletzen, packe meine Gitarre und arbeite an einem neuen Song. Wenn ich Geschlechtsverkehr hatte, bin ich danach besonders scharf darauf zu komponieren.»

Ein anderer Mann, dreiundfünfzig Jahre alt und zum dritten- und, wie er hofft, letztenmal verheiratet, sagte: «Bei mir hat sich seit kurzem was geändert. Früher fühlte ich mich hinterher völlig fertig und wurde fast ohnmächtig. Nach dem Höhepunkt wußte ich kaum, wo ich war, und es war mir auch egal. Zu Beginn war ich immer ganz gierig und drängte darauf, zum Höhepunkt zu kommen, und wenn ich meine Munition verschossen hatte, spielte ich den Ohnmächtigen, weil es mich irgendwie nervös machte, mit einer Frau zusammen zu sein. Oder ich mußte sofort anfangen zu sprechen, oder ich stand einfach auf und tat, als sei nichts gewesen. Bei Gabriella habe ich jetzt endlich eine Art Frieden gefunden, ich kann kommen und danach einfach nichts tun. Ich liege in ihren Armen oder neben ihr, und ein herrliches Gefühl erfüllt mich. Ich muß sagen, daß es die vielen Jahre wert ist, die ich brauchte, um es zu erreichen, obwohl ich nicht behaupten kann, daß ich tatsächlich etwas unternommen habe, um dahin zu gelangen. Ich meine, es ist eine Art Geschenk, nach all den Jahren, in denen ich mich leer und unbefriedigt gefühlt habe, wenn der Höhepunkt vorbei war. Diesmal liebe ich wirklich, das wird der Grund sein. Es ist eigentlich mehr als Liebe. Ich bin wirklich befriedigt. Ich kann völlig in der Sache aufgehen.»

Eine junge Frau namens Jennifer erzählte kürzlich während eines Seminars über sexuelle Vertrautheit folgende Einzelheiten über ihre Erlebnisse beim Geschlechtsverkehr. «Es hängt alles davon ab, wie Doug mich nimmt», sagte sie leicht errötend. «Wenn er wirklich da ist, wenn er zum Beispiel nichts getrunken hat oder nicht an geschäftliche Probleme denkt, dann hängt alles davon ab, ob er so lange wartet, bis ich auch kommen kann. Wenn ich nicht komme, er aber schon, dann werde ich verlegen und kann mir nicht auf seine Kosten ein Vergnügen machen – ihr wißt schon, was ich meine. Ich tue so, als sei ich befriedigt und brauchte nicht zu kommen, und das ist die reinste Hölle. Seit kurzem muß er oft geschäftlich verreisen, und ich sitze dann allein zu Hause. Hin und wieder verspüre ich den Drang, mich selbst zu befriedigen, und bringe mich zum Höhepunkt, aber es ist nicht dasselbe wie mit ihm. Es läßt sich gar nicht vergleichen. Manchmal, wenn er in der richtigen Stimmung ist, kann ich ihn führen, so daß ich Zeit habe, bereit zu werden. Ich habe so viele Dinge gelernt, die ihm gefallen, wenn ich sie mit ihm mache, und er kümmert sich jetzt auch mehr um mich, und so lernen wir beide. Wenn er langsam und liebevoll ist, wenn er sich auf mich einstellt und ich spüren kann, wie er in mir immer erregter wird, werde ich an irgendeinem Punkt einfach verrückt unter ihm, oder manchmal auch auf ihm. Ich bin nicht mehr so scheu wie früher. Wenn ich dann komme und er auch, läuten minutenlang Glocken in meinen Ohren, und ich fühle mich ihm so nahe, unsere Herzen sind sich so nahe. Dann erwacht dieses Gefühl in mir – daß ich vielleicht schwanger geworden bin, obwohl ich das Diaphragma eingesetzt habe. Zunächst, wenn ich noch in der Seligkeit der Liebe schwimme, ist dieses Gefühl ganz herrlich, als sei im Leben endlich alles in Ordnung. Aber sobald ich spüre, daß Doug nicht ebenso empfindet, drehe ich durch, beschimpfe ihn sogar und fange manchmal sogar an zu weinen. Ich weiß, er will kein Kind. Jedenfalls nehme ich das an, wir haben seit ein paar Monaten nicht mehr darüber gesprochen, er ist immer so beschäftigt. Aber okay, ich gebe es zu – wenn ich auf diese Weise komme, möchte ich ein Kind, darum geht es dann. Und es ist schrecklich, wenn ich mich danach so leer fühle.»

Eine andere Frau, Angelica, die vor sechs Jahren mit ihrem Mann in die Staaten gekommen ist und kürzlich neue Möglichkeiten des geistigen und sexuellen Wachstums erforscht hat, spricht über ihre Gefühle nach dem Orgasmus völlig anders: «Seit Ignacio und ich vor ein paar Jahren in Esalen waren und gewisse Dinge gelernt haben, lieben wir uns nur, wenn wir wenigstens eine Stunde für uns haben und nicht müde sind. Manchmal führt er sich noch auf wie ein Bulle, und dann lasse ich ihn so schnell machen wie in alten Zeiten. Danach fühle ich nicht viel, es ist fast so, als hätte mich ein Laster überfahren. Aber es passiert nicht mehr so oft wie früher, weil er jetzt mehr auf seine eigenen Gefühle achtet. Gewöhnlich schließen wir die Tür ab, dann wissen die Kinder, daß wir anderweitig beschäftigt sind, und wir lächeln uns an, und sein Lächeln erregt mich. Wir sind wie Verschwörer in einem Theaterstück, bei dem es darum geht, sich an einen schlafenden Tiger anzuschleichen, und wenn wir im Bett sind, sind wir selbst Tiger, wir sind gleichzeitig Tiere und Götter. Wir lernen immer mehr, uns Zeit zu lassen. Er weiß, daß ich Lust habe, und ich weiß natürlich, daß er auch Lust hat. Ich bin kein junges Ding mehr, das keine Ahnung hat. Letzten Monat bin ich vierzig geworden, und Kinder will ich keine mehr – meine vier sind mehr als genug. Aber zumindest einmal in der Woche habe ich einen Orgasmus, der mich so über mich hinausträgt, daß mir alles egal ist. Hauptsache, ich habe gelebt, solange ich die Chance dazu hatte. Das bedeutet der Orgasmus für mich, er gibt mir das Gefühl, daß ich wirklich gelebt habe. Ich glaube, bei Ignacio ist es dasselbe. Stell dir vor, ich hätte Ignacio vor zehn Jahren überreden wollen, zu einem Wochenendseminar nach Esalen drüben an der Küste mitzukommen, wo er dann einem Mann zugehört hätte, der mit gekreuzten Beinen dasitzt und über den Orgasmus redet! Jetzt ist Ignacio irgendwie aufgewacht. Es war nicht nur der Workshop, obwohl es ihm mehr geholfen hat, als er zugeben will, andere Männer über ihre Gefühle sprechen zu hören. Ignacio ist ein großartiger Mann, das erkenne ich immer mehr, während unsere Liebe tiefer und tiefer wird. Ich kann seine Seele sehen, wenn er einfach losläßt und sich in keiner Weise wegen mir zurückhält, wenn er Tier und Gott zugleich ist. Es ist, als würden wir nach so langer Zeit zu dem Traum werden, den wir als Teenager geträumt haben. Ein Kreis hat sich geschlossen, und gleichzeitig ist es völlig anders. Es ist unmöglich, sich vorzustellen, wie wahre Liebe wirklich sein kann, du mußt einfach losziehen und sie zu finden versuchen und lebendig werden lassen. Für mich bedeutet es, daß ich endlich Ignacio als den richtigen Mann akzeptiere und nicht mehr von einem idealen Liebhaber träume wie früher.

Jetzt lasse ich endlich Ignacio den idealen Liebhaber sein, und erstaunlicherweise ist er es tatsächlich.»

Das Erschaffen der Liebe

Sogar bei der Beschreibung des Sexualakts zwischen Liebenden mit alltäglichen Worten werden wir uns des geheimnisvollen Umstandes bewußt, daß die Liebe selbst tatsächlich während des Prozesses einer im Herzen gefühlten sexuellen Begegnung geschaffen wird. Das Wort Liebe ist ein ziemlich überstrapazierter Begriff. Betrachten wir daher ein wenig genauer, was Liebe in unserer Vorstellung und in unserer Kultur bedeutet.

Zu den geistigen Grundlagen unserer abendländischen Zivilisation gehört die ursprünglich spirituelle Feststellung «Gott ist Liebe».

Deshalb sind unsere persönlichen Gefühle der Liebe keine isolierten Geschehnisse. Wir nehmen dadurch vielmehr teil an einer subtilen und einenden Dimension von Energie, die das Leben auf diesem unseren Planeten durchdringt. Naturwissenschaft und Religion treffen sich endlich und verweisen auf die Einheit allen Lebens und die Existenz eines alles durchdringenden Geistes oder eines vereinigenden Prinzips, das vom Universum bis zum menschlichen Körper und den subatomaren Teilchen alles in dieser vollkommenen universalen Wirklichkeit zusammenhält.

Während des Liebesakts scheint der Körper eine richtige Empfangsstation für die Energie der Liebe zu werden. Unser individueller «Panzer» löst sich auf, während wir uns dem Orgasmus nähern, und die Liebe kann in uns einströmen. An einem gewissen Punkt blitzt von den entgegengesetzten Energiepolen des männlichen und weiblichen Körpers ein Bogen auf, der die beiden gegensätzlichen Energiesysteme verbindet, und es kommt zum Orgasmus.

Jedesmal, wenn wir uns dem Orgasmus nähern, fließt Energie in unseren Körper, und die Explosion dieser Energie ist ein Schöpfungsakt. Manchmal, wenn alle Systeme auf «los» stehen, ist das Ergebnis des Orgasmus tatsächlich ein neues physisches Wesen im Universum – ein Kind wird gezeugt.

Aber wenn kein Kind entsteht – was sicherlich meistens der Fall ist –, was geschieht dann mit der Energie, die während des Orgasmus freigesetzt wird?

Anscheinend bestimmt die Ebene unserer geistigen Bewußtheit im Augenblick des Orgasmus, was damit passiert. Manche Menschen erzeugen beim Geschlechtsakt keine große energetische Ladung, und wenn sie dann den Höhepunkt erreichen, löst sie sich einfach in der universellen Energiequelle wieder auf. Aber wie wir gesehen haben, ist es durchaus möglich, das Herz während des Liebesakts dem Einströmen geistiger Energie zu öffnen, so daß wir verwandelt und gereinigt in Bereiche der Bewußtheit transportiert werden, wo eine direkte Vereinigung mit dem Geist, mit Gott, mit der allumfassenden Gegenwart erlebt wird.

Ein tief empfindender Mann, den ich in den letzten Jahren näher kennengelernt habe, erklärte den Liebesakt auf folgende Weise: «Dieser Planet ist nicht alles. Wir sind nur ein unendlich winziges Teilchen im Universum. Aber wenn wir die Liebe in unser Herz strömen lassen, wenn wir unsere Zellen durchlässig machen, wenn wir uns dem Geist öffnen, dann sorgen wir persönlich dafür, daß dieser Planet mehr Liebe erhält. Wir können nicht ‹Liebe machen›. Das ist eine falsche Bezeichnung. Wir können uns nur öffnen und sie empfangen. Ein Herz kann verschlossen sein, ein Herz kann offen sein. So einfach ist das. Und wenn das Herz offen ist, wird der Körper mit Liebe erfüllt, ohne jede Anstrengung, es ist das natürliche Bedürfnis des Menschen. Und dann, wenn der Körper, jede Zelle des Körpers mit Liebe aufgeladen ist, kann diese Energie ausstrahlen und wieder ersetzt werden, so daß keine Energie verlorengeht, selbst wenn eine große Menge Liebe ausfließt und in andere Herzen dringt. Es ist wirklich so: Je mehr man gibt, desto mehr empfängt man.

Das ist das grundlegende Gesetz der Liebe. Und wenn man keine gibt, hat man auch keine. Das meinte Jesus damit, als er sagte, daß die, die haben, noch mehr empfangen werden, aber daß jene, die nichts haben, noch das wenige verlieren werden, das sie haben. Geben heißt haben.»

Die Neuropsychologie der Liebe

Blicken wir für ein paar Momente in die religiösen Erkenntnissen angeblich entgegengesetzte Richtung und schauen wir uns an, was die Naturwissenschaft heute zur Pharmakologie der Liebe zu sagen hat. Bei der alten Newtonschen Methode, den menschlichen Körper zu betrachten, wurde sein Funktionieren als ein automatischer biochemischer Prozeß angesehen. Die Wissenschaftler haben die Kraft der Liebe einfach dadurch wegerklärt, daß sie immer genauer die Art und Weise darlegten, wie verschiedene Hirnstoffe die emotionale Verfassung von Geist und Körper beeinflussen. Wenn der Mensch sich verliebe, heißt es bei Lawrence Crapo in *Hormone. Die chemischen Boten des Körpers*, erzeuge er große Mengen von Substanzen, die anregend auf das Gehirn wirken. Diese wichtige Verbindung zwischen sexuellem Verlangen und neurochemischen Substanzen sei einwandfrei nachgewiesen worden.

So dürfen wir logischerweise annehmen, daß alles, was wir während des Geschlechtsverkehrs fühlen und denken, nur das Produkt unserer eigenen inneren biochemischen Funktionen ist. Wären wir tatsächlich isolierte biologische Organismen, wie die Naturwissenschaft früher annahm, dann wäre es berechtigt zu sagen, Liebe beruhe auf nichts anderem als einer Reihe von Drüsenabsonderungen. Ich erinnere mich, daß noch während meines Psychologiestudiums diese Annahme fester Bestandteil der offiziellen Lehre war – daß es keinen Geist gäbe, daß es beim Liebesakt zu keinem gemeinsamen äußerlichen Erlebnis käme. Es handle sich nur um ein inneres Ereignis, das wir dann nach außen projizierten, auf unseren Partner, das Universum und Gott.

Jetzt jedoch, nach so vielen radikalen Durchbrüchen in der subatomaren Physik und der Quantenmechanik, erkennen die Wissenschaftler endlich, daß eine Ebene der Wirklichkeit existiert, die die mechanistische Sichtweise der Newtonschen Wissenschaft überschreitet, daß das Universum einfach nicht funktionieren kann ohne jenes grundlegende Gefühl der Verbundenheit und der Bewußtheit, das das Universum durchdringt und vielleicht noch darüber hinausgeht.

Wenn zwei Menschen sich zueinander hingezogen fühlen, kann diese Anziehung, realistisch betrachtet, beides sein – biochemisch bedingter sexueller Hunger und ein höheres bioelektronisches und biomagnetisches Phänomen, bei dem zwei Menschen an vielen subtilen Fronten ihre persönliche Identität aufgeben und miteinander verschmelzen.

Wir kennen die riesige Kraft des Atoms bei der Verschmelzung zweier subatomarer Teilchen. Unvorstellbare Energie wird dabei freigesetzt. Zwei Liebende, die ihre eigene energetische Aufladung immer mehr verstärken, während sie sich sexueller Vertrautheit nähern, bauen auf ähnliche Weise zwischen zwei Körpern und bioenergetischen Systemen eine transpersonale Spannung auf. Der Orgasmus bringt diese Spannung zur Entladung. Die Gegensätze von männlich und weiblich werden für kurze Zeit vereint. Und mit diesem Blitz der energetischen Übertragung dringt die Schöpfungskraft in die biochemischen Bereiche des täglichen Lebens. Für einen Augenblick wird das Universum bewußt erlebt, weil man durch die menschliche Liebe mit ihm verbunden ist. Und während zwei Liebende in diesem unendlich erweiterten Bewußtseinszustand sind, erfahren sie die Gegenwart des Geistes, der alles Leben durchdringt.

Das Erlebnis
der Seligkeit verlängern

Ein Mann kann ejakulieren, den biochemischen Sturm während des Samenergusses fühlen und dann wieder zur Tagesordnung übergehen, als sei nichts geschehen. Wenn es beim Sexualakt nicht auch noch die Kraft der Liebe gäbe, würde nach dem Höhepunkt nicht viel Energie übrigbleiben. So sieht die Wirklichkeit aus, wenn man nur mit den Genitalien liebt und nicht zuläßt, daß der Fluß der kreativen Energie im übrigen Körper aufsteigt wie bei der Kundalini-Übung, über die wir schon sprachen.

Eine Frau macht nach dem Orgasmus eine andere Erfahrung. Sogar bei einer Selbstbefriedigung spürt sie die Nachwirkungen länger als der Mann. Dies ist nur natürlich, wenn wir bedenken, daß beim Mann der Augenblick des Samenergusses der Höhepunkt ist, der physikalische Akt der eventuell stattfindenden Schöpfung bei der Frau aber mehr Zeit erfordert.

Sie haben sicherlich viele Augenblicke der Beseligung und des veränderten Bewußtseins nach dem Orgasmus erlebt. Ich möchte Ihnen jetzt etwas Zeit lassen, damit Sie Ihr eigenes Verhalten erforschen und besser verstehen, wie Sie selbst mit Ihren Gefühlen, die nach der Vereinigung in Ihnen aufsteigen, umgehen. Achten Sie auf Ihren Atem im gegenwärtigen Augenblick. Ihr ganzer Körper ist jetzt mit einem bestimmten Quantum an Liebe und Lebenskraft aufgeladen. Während Sie auf Ihre Gefühle eingestimmt bleiben, blicken Sie im Geist zurück und erleben den letzten Liebesakt noch einmal. Wie waren der Orgasmus und die Augenblicke danach? Was ist in energetischer Hinsicht zwischen Ihnen und Ihrem Partner passiert?

Wir alle haben bestimmte Gewohnheiten, nachdem wir

den Höhepunkt erreicht haben. In der Regel haben sich diese Gewohnheiten schon früh in unserem Leben herausgebildet und waren deshalb mit einer gewissen Unsicherheit verbunden, wie wir nach einer solch intensiven gemeinsamen Erfahrung mit dem Partner umgehen sollten.

Die meisten von uns bauen nach dem Orgasmus ihr altes Ego und ihr Selbstgefühl wieder auf, damit sie im Alltag weiter funktionieren. Haben wir abends Geschlechtsverkehr und schlafen danach einfach ein, geschieht dieser Prozeß natürlich völlig mühelos. Wir gleiten in den Schlaf und in die Träume, und am nächsten Morgen gehen wir wie immer unserer Beschäftigung nach.

Doch wenn wir anschließend noch mit unserem Partner zusammen sind oder allein unser alltägliches Leben wieder aufnehmen, sind wir uns bewußter, wie der Orgasmus auf uns gewirkt hat. Wir können den Einfluß der intensiven Vereinigung spüren und uns entweder gegen ihn sperren, um unser altes Gefühl, wer wir sind, zu erhalten, oder zulassen, daß ein wichtiger Wachstums- und Verwandlungsprozeß mit uns geschieht.

Das Anliegen dieses Buchs ist natürlich zu überzeugen, daß es zu unserem Vorteil ist, das Gefühl, wer wir sind, bewußt wieder aufzubauen, damit das Einströmen von Liebe und Erkenntnissen während des Liebesakts eine positive Wirkung auf unser ganzes Leben hat. Auf diese Weise nutzen wir die sexuelle Energie für positives Wachstum.

Wie kann dieser Wachstumsprozeß im einzelnen gefördert werden?

Dieselben Prinzipien, die vor und während des Geschlechtsverkehrs gelten, gelten auch danach. Wie Sie gesehen haben, steht hinter allen sexuellen Meditationen, die ich in diesem Buch beschrieben habe, ein einheitliches Prinzip. Es ist sehr einfach: Wir müssen lernen, innezuhalten und unsere Bewußtheit des gegenwärtigen Augenblicks auszudehnen, wenn wir seine Wohltaten ernten wollen. Ich habe einfach Variationen des Grundthemas «Kraft der Aufmerksamkeit» gelehrt.

Die schädlichste Gewohnheit der meisten von uns, welche sofort nach dem Orgasmus in Aktion tritt, ist die, daß sie umgehend auf die Gedankenebene umschalten. Unser Geist beginnt zu arbeiten und versucht, der gerade gemachten Erfahrung einen Sinn zu verleihen. Da der begriffliche Teil unserer Identität die überwältigende Kraft der reinen Seligkeit fürchtet, versucht er, nach dem Verkehr so schnell wie möglich wieder die Oberhand zu bekommen. Und sobald wir zu denken anfangen, verlieren wir den Zauber des mystischen Augenblicks, den wir während des Liebesakts erreicht haben.

Deshalb sollten Sie Ihre diesbezüglichen Gewohnheiten beobachten. Stellen Sie fest, was Ihr Geist tut, nachdem Sie den Höhepunkt erreichten. Erkennen Sie, wenn Sie wieder einen Orgasmus hatten, wie diese Verhaltensmuster lebendig werden. Aber bemühen Sie sich nicht, sie zu ändern. Werden Sie sich nur der automatischen Reaktionen Ihres Verstandes bewußt.

Dann können Sie die Übungen zur Befreiung von der Vorherrschaft des Verstandes machen, die Ihnen bereits bekannt sind. Dies bedeutet, daß Sie sich nach dem Höhepunkt weiter des Atems bewußt sind und der Gefühle im Körper und nicht die Bewußtheit der lebenswichtigen Dimension verlieren, wo der Geist Ihre Seele berühren kann. Kosten Sie das Strömen der Hormone durch Ihr Nervensystem und Ihre Zellen aus. Lassen Sie sich von der Welle der Seligkeit nach dem Orgasmus hintragen, wohin sie Sie tragen will – das ist der ganze Trick!

Indem Sie sich von dem gewohnheitsmäßigen Fließen der Gedanken und den Spielen des Verstandes befreien, versetzt Sie der Orgasmus in die Lage, völlig neu wahrzunehmen, was es bedeutet, auf diesem Planeten lebendig und mit jemandem in Liebe verbunden zu sein, mit dem Sie sexuelle Vertrautheit erfahren – und was es bedeutet, wenigstens für ein paar Minuten frei zu sein von Belastungen, die normalerweise Ihre Aufmerksamkeit gefangennehmen. Unmittelbar nach dem Höhepunkt können Sie sich dem Zauber der überpersönlichen Bewußtheit sogar noch mehr überlassen als während des Liebesakts. Wer weiß, was Sie dann erleben?

«Manchmal spüre ich erstaunliche Farbblitze, die mich ganz zu erfüllen scheinen», berichtete ein Mann. «Es ist unglaublich – ich werde tatsächlich zu Farbe. Und die Farbe pulsiert, lebt. Manchmal wieder bin ich mir nur meines Körpers bewußt, ich bin nichts als mein Körper. Es ist schwer zu beschreiben, aber ich komme mir riesig vor, und das ist ganz herrlich. Ich würde dieses Gefühl nicht geistig nennen, es ist eine reine Sinneswahrnehmung, reines Sein – was wahrscheinlich auch geistig ist. Und dann sind da noch die blitzartigen Erinnerungen an Augenblicke in der Vergangenheit, wenn ich diese Seligkeit so wie jetzt empfand, wenn ich den Höhepunkt erreicht habe. Manchmal tauchen Bilder auf, die starke Gefühle wecken. Es ist, als seien Vergangenheit und Gegenwart eins. Ab und zu glaube ich sogar, daß auch die Zukunft dabei ist. Meine ganze Zeitvorstellung verschwindet, wenn ich ein tiefes sexuelles Erlebnis habe. Das macht den Orgasmus zu etwas Besonderem, er macht mich frei von der Zeit. Und dies geschieht nicht erst, wenn ich den Höhepunkt erreiche. Schon in den ersten Minuten unseres Zusammenseins, wenn die Leidenschaft wächst, beginnt für mich bereits der Orgasmus, und ich kann auch schon am Anfang in diesem höheren Bewußtseinszustand sein. Wenn ich in sie eindringe, bedeutet das bereits den Höhepunkt für mich. Es gibt einen entscheidenden Augenblick bei meinem Eindringen in sie, der ist genauso überwältigend wie der Höhepunkt selbst, manchmal sogar noch überwältigender, weil ich in dem Moment, wenn ich ejaku-liere, das Gefühl habe, schon zehn- oder zwanzigmal gekom-men zu sein. Das ganze Erlebnis ist ein einziger verlängerter Höhepunkt.»

«Gefühle steigen in mir auf, die aus dem Nichts kommen», sagte eine Frau. «Vielleicht stammen sie aus dem kollektiven Unbewußten, wie C. G. Jung das nannte. Ich glaube, in all diesen mythischen Dingen steckt ein Körnchen Wahrheit. Manchmal habe ich Visionen, ich bin selbst eine dieser Visionen. Es sind vollkommene Wesenheiten, Götter, in völliger Harmonie untereinander. Es klingt verrückt, wenn ich darüber rede, deshalb tue ich es nicht häufig, aber solche Dinge passieren, wenn ich den Höhepunkt erreicht habe. Zumindest für ein paar Minuten bin ich in irgendeinem Traumland, ich bin völlig verschwunden und doch ganz da. Jack und ich liegen dann gern einfach Seite an Seite da. Gewöhnlich komme ich nach ihm, und dann verschwinden wir beide in dieser Seligkeit. Seltsamerweise habe ich manch-mal kein Gefühl von mir selbst – ich bin Jack und gleichzeitig ich, und wir sind zusammen in diesem Traumland, aber ich habe nie mit ihm darüber gesprochen. Ich weiß nicht, ob er das gleiche erlebt. Über so etwas kann ich schwer mit ihm reden. Gewöhnlich sprechen wir hinterher ohnedies nicht viel, und wenn wir erst einmal aus dem Bett sind, wirken solche Gespräche völlig idiotisch.»

«Ich setze mich nach dem Höhepunkt gern auf, nachdem ich ein paar Minuten lang langsam kleiner in ihr geworden bin und mich dann aus ihr zurückgezogen habe», erzählte mir ein Klient. «Wenn ich zu lange liegenbleibe, fühle ich mich komisch und werde benommen, es ist zuviel für mich. Aber wenn ich mich nach einem starken Erlebnis im Bett aufrichte, kann ich in den Gefühlen verharren, und das ist großartig. Es ist, als käme ich irgendwo in mir, meistens geht es das Rückgrat hinauf und hinunter. Norma liegt noch ein wenig länger voll Seligkeit da, dann setzt sie sich auch auf, und wir rauchen eine Zigarette und unterhalten uns. Nach dem Höhepunkt können wir sehr offen miteinander sprechen, manchmal stundenlang. Da geht es am besten. Wir sind voll Energie und doch entspannt, es ist das schönste Gefühl.»

«Manchmal, nach dem Orgasmus, bekomme ich, ohne daß ich es verhindern kann, ein tiefes sehnendes Gefühl, und dann, wenn der Orgasmus nachläßt, scheine ich von dieser Liebe, die ich gerade gespürt habe, wegzugleiten, und ab und zu weine ich sogar. Richard hält mich in den Armen, und das tut so gut, er hat ein so großes Herz. Manchmal kommen auch ihm die Tränen. Ich weine nicht aus einem bestimmten Grund. Tief im Innern bin ich sogar glücklich. Aber in mir ist ein so ungeheurer Druck, so viel Liebe, ich muß einfach weinen. Dann schlagen meine Gefühle plötzlich ins Gegenteil um. Ich stehe auf und lache, während mir noch die Tränen über die Wangen laufen. Es ist eine derart überwältigende Erfahrung, wenn wir ein so tiefes Erlebnis haben, daß ich hinterher manchmal weinen und lachen muß. Ist das normal?»

Natürlich gibt es keine Maßstäbe für die Normalität von Gefühl und Verhalten nach dem Orgasmus. Wichtig ist Spontaneität, wie wir immer wieder gesehen haben. Wir können nur hoffen, einen Partner zu haben, der uns Raum genug gibt, unsere Gefühle nach dem Liebesakt spontan auszudrücken, so daß wir in der Lage sind, uns frei zu fühlen und neue Bewußtseinsebenen zu erkunden. Und natürlich müssen wir uns selbst auch die Erlaubnis dazu geben – und selbstverständlich ebenfalls dem Partner.

Viele Männer gestehen, daß sie manchmal Angst davor haben, wie ihre Partnerin nach dem Orgasmus reagiert. Der Ausbruch weiblicher Gefühle kann erschreckend sein. «Ich hatte immer Angst, sie würde verrückt», berichtete mir ein

Mann. «Grundlos hatte sie plötzlich einen Gefühlsausbruch. Sie weinte mittendrin oder danach. Und ich dachte dann, ich hätte etwas falsch gemacht, oder daß es ihr mit mir nicht gefiel. Ich brauchte eine Weile, ehe ich begriff, was wirklich in ihr vorging. Jetzt macht es mir nichts mehr aus, es gefällt mir in gewisser Weise sogar. Sie weckt Gefühle in mir, die ich gewöhnlich nicht zulasse, gerade diese traurigen Gefühle, wissen Sie, all diese traurigen Gefühle, die ich als Kind hatte und vor denen ich damals Angst hatte, sie auszudrücken. Sie steigen in mir auf, wenn Caroline zu weinen anfängt. Manchmal weine auch ich in ihren Armen. Ich hätte nie gedacht, daß mir so etwas passieren könnte. Ich bin dazu erzogen worden, keine Schwäche zu zeigen. Aber nachdem ich geweint habe, fühle ich mich sehr stark.»

Durch Emotionen
zur spirituellen Erfahrung

Die Entladung starker Gefühle während des Geschlechtsverkehrs oder danach ist ein universelles Ereignis, das Liebende überall und zu jeder Zeit erfahren konnten und können. Ich habe von dem herrlichen reinigenden Einfluß dieses Erlebnisses gesprochen. Alte Wunden können heilen. Verdrängte Gefühle können ausgedrückt werden. Wir entdecken in unserem Herzen eine Tiefe, von deren Existenz wir bis dahin keine Ahnung hatten.

Gewöhnlich regen sich im Herzen erst spirituelle Gefühle, wenn der emotionale Druck gewichen ist. Deshalb ist es so wichtig, daß Sie Ihrem Partner erlauben, nach dem Höhepunkt manchmal seine negativen Gefühle auszusprechen. Große Wunden des Herzens können dann heilen. Und natürlich müssen Sie Ihrem Partner wirklich vertrauen, wenn Sie sich öffnen und nach dem Liebesakt negative Gefühle ausdrücken wollen. Es ist mit das Wertvollste an einer langen Beziehung, daß wir immer mehr vertrauen können, bis wir Gefühle auszudrücken vermögen, die tief in uns begraben sind und sonst das ganze Leben lang verborgen geblieben wären und unsere Erfahrungen verzerrt hätten.

Ich möchte Sie gern dazu ermuntern, über diesen Aspekt einer Beziehung nachzudenken und Ihrem Partner mehr und mehr die Möglichkeit zu geben, daß er sich nach dem Liebesakt oder während dessen öffnet. Erlauben Sie sich das gleiche. Es braucht Zeit. Drängen Sie nicht. Aber entspannen Sie sich nach dem Höhepunkt, und schaffen Sie Raum und Zeit und emotionales Vertrauen, so daß die Gefühle spontan fließen können.

Häufig treten nach dem Höhepunkt gar keine Gefühlsspannungen auf, von denen man sich befreien müßte. Der Orgasmus hat alles weggeblasen und gesäubert. Aber manchmal bleibt eine Spannung bestehen. Zu entspannen und zu fühlen, ob eine emotionale Aufladung vorhanden ist und sie gegebenenfalls auszudrücken – das ist wahre sexuelle Reife.

Eine Schlüsselmethode dazu ist die Übung, das Kinn zu entspannen, die ich in Kapitel drei erwähnte. Emotionen werden dadurch zurückgedrängt, daß wir den Mund geschlossen halten und das Kinn anspannen. Stellen Sie fest, was geschieht, wenn Sie sich nach dem Orgasmus bewußt auf den Rücken legen, auf Ihren Atem und den Druck in der Brust achten und durch den Mund atmen. Wilhelm Reich hat als erster dargelegt, daß emotionale Erleichterung und Heilung häufig die Erfahrung der Mundatmung brauchen. Gefühle werden schließlich vor allem durch den Atem und die Sprache ausgedrückt, zusammen mit Bewegung des ganzen Körpers. Wenn Sie bewußt den Schritt tun, Kinn und Zunge zu entspannen und durch den Mund zu atmen, ist das die beste Methode, um Emotionen abzubauen und zu gesunden.

Experimentieren Sie mit dieser Übung gleich jetzt, wenn Sie wollen. Entspannen Sie Ihr Kinn, atmen Sie durch den Mund, schließen Sie die Augen und stellen Sie fest, welche Gefühle in Ihnen aufsteigen. Wenn Sie emotional aufgeladen sind, gestatten Sie sich, die Gefühle spontan auszudrücken.

Sicherlich haben Sie schon festgestellt, daß viele Menschen von irgendeiner Emotion beherrscht zu sein scheinen. Entweder regen sie sich ständig auf, sorgen sich ununterbrochen oder sind über alles und jedes begeistert. Den ganzen Tag sind sie emotional aufgeladen. Wenn ihre Umgebung sie nicht zu einem Gefühl herausfordert, erledigt das ihr Verstand oder ihre Vorstellungskraft. Nie ist Frieden, nie Ruhe in ihrem Kopf – nie gibt es eine Chance, daß transzendente Blitze sie jene geheimnisvolle Seite des Lebens erkennen lassen, die über ihren emotionalen und mentalen Zustand weit hinausreicht.

Wahrscheinlich werden mindestens neunzig Prozent unserer täglichen emotionalen Traumata nicht durch direkte Reize der Umgebung hervorgerufen, sondern durch Aktivitäten unserer eigenen mentalen Gewohnheiten, die ständig Gedanken durch unseren Verstand schicken, welche wiederum verschiedene Emotionen wecken. Wir können genauso leicht süchtig sein nach Gefühlen wie nach Gedanken – und wir halten unseren Verstand beschäftigt, um eine Begegnung mit den geheimnisvollen unendlichen Bereichen des Bewußtseins zu vermeiden, die hinter unserem persönlichen Ego liegen.

Versuchen Sie, Ihre eigenen diesbezüglichen Gewohnheiten abzuschätzen. Haben Sie oft Gedanken, die ein emotionales Trauma in Ihnen schaffen, oder erlauben Sie, daß Ihre Gefühle ruhig sind und Ihr Geist gelassen ist, damit Ihre Seele lebendig werden kann?

Sich einer sexuellen Leidenschaft hinzugeben bedeutet,

wenn es eine echte Hingabe ist, auf alle diese gewohnten Spiele des Geistes zu verzichten, damit eine wahre Verbindung mit unserer tieferen Natur erfahren werden kann. Wir sehnen uns nach einer sexuellen Begegnung, weil sie uns zwingt, unser normales Bewußtsein loszulassen und zu transzendieren. Das ist einer der Hauptgründe unserer Sehnsucht.

Aber was tun wir, nachdem wir zum Höhepunkt gekommen sind? Lassen wir es zu, daß wir im Zustand der Seligkeit bleiben, oder schalten wir gleich danach geistig wieder auf normal? Genauer gesagt, sind wir in geistigen Bereichen der Seligkeit, wie wir sie nach dem Orgasmus erleben, zu Hause, oder haben wir Angst vor einer mystischen Erfahrung und laufen gewöhnlich vor ihr davon?

Beobachten Sie sich bei Ihren nächsten sexuellen Begegnungen diesbezüglich. Nutzen Sie Ihre Gefühle bewußt, oder verdrängen Sie sie? Genießen Sie nach dem Höhepunkt den Zustand der Seligkeit, oder schneiden Sie die transzendente Erfahrung rasch ab, indem Sie Ihren Verstand wieder aktivieren? Und atmen Sie in die Weite Ihrer geistigen Identität hinein, oder laufen Sie vor ihr davon?

Denken Sie über die wichtige Frage nach, wie Sie auf die Möglichkeit reagieren, gleich nach dem Orgasmus in mystische Bereiche vordringen zu können.

Schlußwort

Transzendenz
durch irdische Liebe

Wie wir in diesem Buch beim Betrachten realer Liebeserlebnisse gesehen haben, lernen wir unsere geistige Tiefe nur dadurch kennen, daß wir uns unseren irdischen instinktiven Gefühlen und Handlungen völlig öffnen. Indem wir hundert Prozent körperlich werden, werden wir hundert Prozent göttlich. Indem wir uns völlig unserem sexuellen Urverlangen und unserem irdischen Sehnen überlassen, kommen wir in direkten Kontakt mit der Schöpfungskraft, die alles Sein belebt.

Unsere große Aufgabe als Mensch besteht darin, unsere letzten Endes irdische Präsenz zu manifestieren und dadurch das geistige Fundament zu entdecken, das dem physischen Leben zugrunde liegt.

Meine Hoffnung ist, daß wir jetzt in eine Epoche eintreten, in der wir endlich aufhören, das Denkspiel zu spielen, bei dem sich einer gegen den anderen stellt, statt sich auf die eine oder die andere Seite zu schlagen. Die Ganzheit muß das erste Ziel unseres Lebens sein. Und diese Ganzheit bedeutet die Erkenntnis, daß unsere instinktive tierische Natur ebenso heilig ist wie unsere weite geistige – und daß wir durch das Verschmelzen von Himmel und Erde zu unserer wahren Identität finden.

Die früheste Erwähnung der Ganzheit, die ich in der Weltliteratur gefunden habe, ist vielleicht auch die mit der größten Tiefe. Ich entdeckte sie in einem alten Buch, das ein weiser Chinese namens Lao-tzu schrieb und das *Tao-te ching* heißt, das «Buch vom Weg». Er spricht von der Ganzheit wie folgt:

> Jene Dinge aus alten Zeiten entstehen aus einem:
> Der Himmel ist ganz und klar.
> Die Erde ist ganz und fest.
> Der Geist ist ganz und stark.
> Das Tal ist ganz und voll.
> Die zehntausend Dinge sind ganz und lebendig.
> Könige und Fürsten sind ganz, und das Land ist aufrecht.
> All diese sind kraft der Ganzheit.

David Bohm, einer der bedeutendsten Physiker unserer Zeit, der in der Nachfolge Albert Einsteins forscht, kam zu demselben grundlegenden Schluß wie Lao-tzu, als er erklärte, daß die «untrennbar zueinander in Beziehung stehenden Quanten des ganzen Universums die fundamentale Wirklichkeit sind».

In diesem Buch haben wir untersucht, wie alle Menschen organisch mit der Fähigkeit versehen sind, direkten Kontakt mit diesen «untrennbar zueinander in Beziehung stehenden Quanten» aufzunehmen, mit der mystischen Einheit allen Lebens. Unser bedeutsamstes alltägliches Mittel, das Gefühl der Ganzheit zu erfahren, ist, wie wir gesehen haben, das völlige Aufgehen in den unendlichen Freuden einer sexuellen Begegnung mit dem Menschen, den wir lieben. An diesem Punkt verschmelzen im menschlichen Leben Instinkt und Geist auf völlig spontane Weise. Es gibt natürlich andere meditative Pfade des geistigen Erwachens, wo der Geschlechtsverkehr nicht vorkommt. Aber für die meisten von uns ist der sexuelle Weg der direkteste, der leichteste und, nun ja, auch der genußreichste.

Meiner Meinung nach zeigt sich die sexuelle Energie jedoch nicht nur in der Leidenschaftlichkeit des Geschlechtsverkehrs und verschwindet für den Rest der Zeit. Diese grundlegende schöpferische Kraft belebt alles, was wir tun. Und noch eine Bemerkung dazu: Es wird Ihnen immer mehr bewußt werden, daß Ihre instinktive sexuelle Energie Sie tatsächlich in jedem Augenblick des Tages trägt. Ihre Lebenserfahrung ist ein Ganzes, und dieses Ganze wird durch den ständigen Fluß der Vitalenergie in Ihrem Körper erfahren. Im Grunde haben Sie immer Geschlechtsverkehr, wenn Sie bewußt leben und so am Fluß der Lebenskraft teilnehmen.

Mit jeder Art von Arbeit, die Ihnen die Möglichkeit bietet, sich liebevoll und kreativ in der Welt auszudrücken, ist es das gleiche. Sie legen Herz und Seele in Ihre Arbeit – und die Energie, die Sie motiviert, ist wieder die sexuelle Urenergie der Schöpfung.

Die Seele braucht ebenfalls regelmäßig Zeiten, in denen sie sich zurückziehen und allein nachdenken oder meditieren kann, wenn Sie es so nennen wollen. Und auch bei der Meditation zapfen wir die Vitalenergie an, die uns belebt, und verwenden diese Energie, um unsere mystischen meditativen Erfahrungen zu nähren.

Wenn wir uns bei allem, was wir tun, der Lebenskraft bewußt sind, erzeugen wir in unserem Leben ein Gefühl der Ganzheit. Im Grunde verbreiten wir Liebe, wohin wir gehen. Wie Ken Keyes einmal erklärt hat, ist es ein großer Fehler, der genitalen Stimulation und Befriedigung zuviel Aufmerksamkeit zu schenken und den Orgasmus allein als das Hauptziel und das einzig Schöne in einer Beziehung zu betrachten. Wie ich bei meiner Arbeit als Therapeut im Laufe der Jahre festgestellt habe, sind Menschen, die bloß an die genitale Befriedigung denken, oft sogar ziemlich unglücklich und unzufrieden, weil sie nicht wissen, wie sie ihre

Sexualenergie in den ganzen Körper und in ihr Leben leiten sollen. Sie wissen nur, wie sie die Energie durch die Genitalien fließen lassen und zur Entladung bringen können – ohne daß dabei das Herz mitspricht.

Wir haben in diesem Buch einen wichtigen Weg erforscht, wie wir die sexuelle Energie bewußt dazu bringen können, sich von der Fixierung auf die Genitalien zu befreien und das Herz und die anderen Energiezentren des Körpers mit Liebe und Licht, Kraft und geistiger Klarheit zu durchfluten. Ich hoffe, daß Sie diesen Prozeß in seiner Einfachheit und auch in seiner erfahrbaren Kraft der Verwandlung zu schätzen gelernt haben.

Wir befinden uns tatsächlich permanent in dem Prozeß, geboren zu werden. Die Geburt ist nicht zu Ende, wenn wir den Mutterleib physisch verlassen haben. Wir erneuern uns ständig – wenn wir bewußt sind, wenn wir mit der ewigen Gegenwart in Einklang sind, wenn wir unser Herz der mystischen Dimension des Lebens öffnen. Und beim Liebesakt haben wir die beste Gelegenheit, unser Ego loszulassen, für die Vergangenheit zu sterben und durch den Orgasmus oder auch nur durch sexuelle Nähe die Wiedergeburt unseres Geistes zu erfahren – und das wieder und wieder, denn der Körper durchläuft immer von neuem den Kreislauf des sexuellen Appetits. Gewisse biochemische Veränderungen geschehen auf der Ebene der Drüsen im Gehirn. Und diese Veränderungen können uns ein wenig verrückt machen. Wenn wir Angst vor unserer eigenen sexuellen Energie haben und eine Woge sexuellen Verlangens durch unseren Körper rauscht, dabei Emotionen, Gedanken und Vorstellungen erzeugt, die in keinem Zusammenhang mit dem stehen, was wir gerade tun – dann kann sich das genauso anfühlen, als seien wir vom Teufel besessen.

Verschließen wir uns jedoch nicht diesem Andrang sexuellen Verlangens, dann werden wir von ihm auch nicht verunsichert. Wir können schrittweise, wie zum Beispiel bei der Ausbildung der Kundalini-Kraft, lernen, die Sexualenergie völlig ausbalanciert zu erfahren, während unser Alltagsleben weitergeht, und sowohl durch die biochemischen als auch die mystischeren Vorgänge der physischen Liebe und des physischen Verlangens immer stärker erregt werden.

In seinem Buch *Der göttliche Funke* schildert Arthur Koestler, wie große Künstler, Führungspersönlichkeiten, Athleten und Liebende sich diesen Andrang sexueller Kraft und sexuellen Verlangens meisterhaft nutzbar machen und die Energie in die Richtungen leiten, in die sie sie haben wollen. Es scheint nur eine grundlegende Schöpfungskraft zu geben, und wenn wir Angst haben, sie in uns einfließen zu lassen, wenn wir befürchten, von ihr überwältigt zu werden, dann neigen wir ständig dazu, auf niedrigeren Ebenen der energetischen Erregung zu bleiben, und wir sind deprimiert, unschöpferisch, ohne Ausstrahlung und gewöhnlich vom Leben ziemlich gelangweilt. Langeweile ist tatsächlich ein direktes Abblocken des Einströmens der sexuellen Erregung in den Körper.

Selbst wenn wir still dasitzen und nichts tun, sind wir mitten im Schöpfungsvorgang – wir schaffen ein Grundgefühl in uns, das dann in unsere Umgebung ausstrahlt. Wenn wir unsere Gefühle und Gedanken spontan fließen lassen, wenn wir zulassen, daß unser Körper sich mit Energie auflädt und sich mit dieser Energieladung mühelos mitbewegt, dann schaffen wir eine herrliche Aura aus Liebe und Annahme, aus Kraft und Segen um uns, wo immer wir sind und was immer wir tun.

Ein Schöpfungsakt ist deshalb nicht nur ein direkter sexueller Akt oder das offensichtliche Herstellen von irgend etwas. Wir sind in jeder Minute des Tages damit beschäftigt, uns selbst zu schaffen. Genauer gesagt, entweder lassen wir unser Wesen von der vollkommenen Liebe und dem vollkommenen Licht des Universums durchdringen, oder wir widersetzen uns diesem natürlichen Prozeß.

Stellen Sie fest, was passiert, wenn Sie jetzt für nur eine Minute lang innehalten und beobachten, ob Sie für das Einfließen der Lebenskraft in Ihren Körper und Ihr Sein offen sind oder ob Sie sich aus Gewohnheit diesem mühelosen kreativen Fluß des Geistes in Ihr persönliches Bewußtsein widersetzen.

Zum Schluß möchte ich noch mal die wichtigsten Punkte des Pfades zur sexuellen und geistigen «Ganzheit» aufführen, die in diesem Buch dargelegt wurden. Stellen Sie anhand dieser kurzen Übersicht fest, wie Sie Ihre sexuellen Gefühle ausdrücken oder abblocken, während Sie sich auf die nächste und möglicherweise schönste sexuelle Begegnung Ihres Lebens vorbereiten.

1. Stellen Sie als erstes das Ausmaß fest, in dem Sie in Ihre Vergangenheit abgleiten, Erlebnisse mit früheren Partnern und Freunden aus der Erinnerung aufsteigen und Sie versuchen, Traumata und Verwirrungen durchzuarbeiten, die noch in Ihrem Herzen sind. Können Sie mit Ihrem augenblicklichen Partner frei im ewigen gegenwärtigen Augenblick zusammen sein, oder hängt Ihr Herz immer noch irgendwie an einer alten Liebe?

2. Neigen Sie, während die Energie für die sexuelle Leidenschaft in Ihnen aufsteigt, dazu, nach einem Bier oder einem Aufputschmittel zu greifen, das die Sexualkraft Ihres Körpers verändert, oder erleben Sie die steigende Welle des sexuellen Verlangens mit klarem Geist und sensiblem Nervensystem?

3. Was verrät Ihre Stimme Ihnen und Ihrem Partner über Ihre wahren Gefühle? Lassen Sie Ihr sexuelles Verlangen in Ihrer Stimme offen mitschwingen, wenn Sie mit Ihrem

Partner sprechen, oder versuchen Sie, Ihre wachsende Leidenschaft zu verbergen? Drücken Sie Ihre inneren Gefühle beim Sprechen aus, oder halten Sie sie zurück? Und wenn Sie schließlich zum Höhepunkt kommen – schwingt Ihre Stimme mit der Kraft der wahren Liebe, oder haben Sie Angst, die Emotionen auszudrücken, die Ihre Seele spürt?

4. Stellen Sie bei Ihrer nächsten Begegnung mit Ihrem Partner fest, ob Sie ihn ansehen oder ob Sie Blickkontakt vermeiden. Können Sie sofort mit den Augen in Ihren Partner eindringen und das Aufflammen der sexuellen Energie erfahren, das zwischen zwei aufgeladenen Nervensystemen möglich ist, oder haben Sie vor dieser Ebene der Vertrautheit immer noch Angst?

5. Stellen Sie fest, ob Sie sich der starken Emotionen bewußt sind, die schon durch die leiseste Berührung entstehen können, wenn Sie und Ihr Partner gerade beginnen, Lust aufeinander zu bekommen. Beobachten Sie beim Berühren, Küssen, Umarmen, Streicheln Ihre Verhaltensmuster. Stellen Sie fest, ob Sie spontan in einen hautnahen Kontakt hineinatmen können, den Sie bis dahin noch nie erlebt haben. Erinnern Sie sich immer wieder daran, daß Sie stets innehalten können, ganz gleich, was Sie mit Ihrem Partner tun, um tief Luft zu holen. Beachten Sie, wie es sich anfühlt, wenn Sie manchmal während des Geschlechtsverkehrs zum Anfangsstadium Ihrer Sensibilität zurückkehren. Versuchen Sie zu beobachten, was Ihr Verstand normalerweise tut, und zwar nicht nur, wenn Sie mit Ihrem Partner im Bett sind, sondern bereits bei den ersten Regungen des sexuellen Verlangens. Bis zu welchem Ausmaß gestattet es sich Ihr Verstand, an der ganzkörperlichen Erfahrung der sexuellen Erregung teilzunehmen, und bis zu welchem Ausmaß läuft er vor Ihren natürlichen sexuellen Gefühlen davon?

6. Stellen Sie ebenfalls gleich am Anfang fest, ob und wann das erwachende sexuelle Verlangen in Ihrem Körper den Fluß der Phantasievorstellungen in Ihrem Geist stimuliert. Erwachen Sie zum Beispiel manchmal aus wilden sexuellen Träumen, die Sie noch deutlich im Gedächtnis haben? Nehmen wir an, Sie gehen die Straße entlang und spüren dabei einen energetischen Ansturm von sexuellem Verlangen in Ihren Muskeln. Blicken Sie dann unwillkürlich auf einen schönen Körper und stellen sich alle möglichen sexuellen Dinge vor, die zwischen ihm und Ihnen geschehen könnten? Wie gehen Ihre Phantasievorstellungen mit dem Einströmen des sexuellen Verlangens in Ihr Nervensystem um, und wie erfolgreich schieben Sie diese Phantasien zur Seite, wenn Sie sich dem Orgasmus nähern?

7. Und zuletzt kommen wir zur Erfahrung des Orgasmus. Vielleicht ist die beste Methode, die wahre Natur des geistigen Orgasmus zu begreifen, die, die Vorstellung vom Orgasmus selbst zu erweitern. Der Orgasmus ist nicht nur der höchste Punkt eines Gipfels. Der Orgasmus beginnt mit jenem ersten winzigen Ansturm sexuellen Verlangens, der Stunden, Tage oder vielleicht sogar Wochen vor der tatsächlichen Explosion des sexuellen Höhepunkts in Körper und Geist einsetzt. Der Orgasmus ist wie das Schwingen einer Glocke. Am Anfang erheben Sie sich, während Ihre sexuellen Batterien sich wieder aufzuladen beginnen, und steigen weiter hoch bis zum Höhepunkt mit vielleicht fünf, zehn oder fünfzig kleinen Höhepunkten vor der endgültigen Entladung. Sowohl der Mann als auch die Frau haben diese kleineren orgastischen Gefühle der Entladung viele Male, ehe es zur genitalen Entladung kommt. Und danach dauert der Orgasmus noch einige Zeit an, wenn man das zuläßt.

Anschließend ist das Verlangen vorübergehend erloschen, das sexuelle Interesse fast gleich Null, und in den meisten Fällen hat die Leidenschaft unseren Körper für eine Weile verlassen. Manchmal baut sie sich aber auch schon nach ein paar Minuten wieder auf. Viele Frauen würden beim selben Liebesakt gern eine endlose Zahl von Orgasmen haben. Männer dagegen neigen dazu, sich in einem einzigen Samenerguß zu entladen. Sie brauchen eine halbe Stunde, einen Tag, ein paar Tage, bis sie wieder richtig aufgeladen sind. Das trifft natürlich nicht auf Männer zu, die die feine Kunst der Zurückhaltung üben, die ihren Samen behalten und mit ihrem Partner ohne Ejakulation den geistigen Orgasmus wieder und wieder erleben. Dies ist vielleicht am idealsten, doch die meisten Männer praktizieren diese Methode nicht und brauchen daher etwas «Erholung» bis zum nächsten Mal.

Am wichtigsten scheint mir jetzt, am Schluß, im Gedächtnis zu behalten, daß es eine ständige Herausforderung ist, ein Gefühl der Ehrfurcht und des Respekts für das Vorhandensein der sexuellen Kraft in unserem Körper und in den Körpern anderer Menschen zu hegen. Wir sind alle sexuell aufgeladen. Wir lernen ständig, wie wir dieses kostbare Gut in unserem Alltagsleben immer erfolgreicher einsetzen können. Diese Grundtatsache des Lebens anzuerkennen bedeutet, die Ebene der Bewußtheit des zwischenmenschlichen Austauschs zu neuen Höhen des Mitfühlens, des Verstehens und der Liebe zu erheben.

Literaturverzeichnis

Bancroft, J.: *Grundlagen und Probleme menschlicher Sexualität*, Stuttgart (F. Enke) 1985.

Barbach, L.: *For Yourself*, Berlin (Ullstein) 1977.

Bennett, J. G.: *Sex, The Relationship Between Sex and Spiritual Development*, York Beach, Maine (Samuel Weiser) 1981.

Castaneda, C.: *Der Ring der Kraft. Don Juan in den Städten*, Frankfurt a. M. (Fischer) 1978.

Chang, J.: *Das Tao der Liebe. Unterweisung in altchinesischer Liebeskunst*, Reinbek (Rowohlt) 1978.

Chia, M.: *Tao – Geheimnisse der Liebe. Übungen für Frauen*, Frankfurt a. M. (Dahlberg) 1987.

–: *Tao der Liebe. Das Geheimnis der unvergänglichen Liebeskraft*, Interlaken (Ansata) 1990.

Crapo, L.: *Hormone. Die chemischen Boten des Körpers*, Heidelberg (Spektrum d. Wiss.) 1988.

De Rougement, D.: *Love in the Western World*, New York (Pantheon Books) 1956.

Ehrenreich, B., u. a.: *Remaking Love: The Feminization of Sex*, New York (Doubleday) 1986.

Ellis, H.: *Sex Without Guilt*, Hollywood (Wilshire Books) 1966.

–: *Studies in the Psychology of Sex*, New York (Random House) 1942.

Eysenck, H.: *Sex and Personality*, London (Open Books) 1979.

Ford, C. S.: *Patterns of Sexual Behavior*, New York (Harper) 1951.

Freud, S.: *Drei Abhandlungen zur Sexualtheorie*, Frankfurt a. M. (Fischer) 1947.

Friday, N.: *Die Sexuellen Phantasien der Frauen*, Bern/München/Wien (Scherz) 1978.

Fromm, E.: *Die Kunst des Liebens*, Stuttgart (dva) 1980.

Gerrard, M.: *Males and Sexuality*, Albany (State Univ. of New York Press) 1987.

Golas, T.: *Der Erleuchtung ist es egal, wie du sie erlangst*, Basel (Sphinx) 1990.

Grant, V.: *Psychology of Sexual Emotion*, New York (Longmans) 1957.

Griffett, W.: *Males, Females and Sexuality*, Albany (State Univ. of New York Press) 1987.

Hirsch, E.: *The Power to Love*, New York (Pyramid) 1961.

Hutchison, M.: *The Anatomy of Sex and Power*, New York (Morrow) 1990.

Kazantzakis, N.: *Alexis Sorbas*, Berlin (Ullstein) 1988.

Kinsey, A. C. et al.: *Sexual Behavior in the Human Male*, Philadelphia (Saunders) 1984.

Kramer, J.: *The Passionate Mind*, Milbrae, Calif. (Celestial Arts), 1974.

Krishnamurti, J.: *The Flame of Attention*, New York (Harper) 1984.

Lowen, A.: *Liebe, Sex und dein Herz*, München (Kösel) 1989.

–: *Spiritualität des Körpers. Innere Harmonie durch Bioenergetik*, München (Heyne) 1991.

Maccoby, E., und Jacklin, C.: *The Psychology of Sex Differences*, Palo Alto, Calif. (Stanford Univ. Press) 1974.

Mead, M.: *Mann und Weib*, Berlin (Ullstein TB) 1992.

Pearce, J.: *Magical Child Matures*, New York (Bantam) 1986.

Pierrakos, E.: *The Pathwork of Self-Transformation*, New York (Bantam) 1990.

Rajneesh, B.: *The Book of the Secrets*, Antelope, Oregon (Rajneesh Foundation) 1976.

Reich, W.: *Die Funktion des Orgasmus. Die Entdeckung des Orgons*, Köln (Kiepenheuer & Witsch) 1987.

–: *Die sexuelle Revolution*, Hamburg (Europ. Verlagsanst.) 1971.

Selby, J.: *Einander finden. Psychologie der Begegnung in Freundschaft, Beruf und Liebe*, Reinbek (Rowohlt TB) 1986.

–: *Das Gesundheitsbuch für die Augen*, Bern/München/Wien (Scherz) 1978.

–: *Gut schlafen. Ratschläge für schlaflose Nächte*, München (Knaur TB) 1991.

–: *Kundalini Awakening*, New York (Bantam) 1992.

Symons, D.: *The Evolution of Human Sexuality*, New York (Oxford Univ. Press) 1979.

Taylor, G.: *Sex in History*, London (Thames and Hudson) 1954.

Watts, A.: *Im Einklang mit der Natur. Der Mensch in der natürlichen Welt und die Liebe von Mann und Frau*, München (Kösel) 1981.

Wilson, G.: *Love and Instinct*, New York (Morrow) 1981.